INTRODUCTION

Les différentes questions liées à l'immigration et à la présence étrangère en France ont pris au cours des dernières années une particulière importance : pour le gouvernement, attentif à maîtriser les flux migratoires, à faciliter l'intégration des étrangers qui vivent en France et à lutter contre les trafics de main-d'œuvre et le travail clandestin. Pour l'opinion publique, de plus en plus sensibilisée à ces questions par un débat politique qui ne clarifie pas toujours un sujet sur lequel le citoyen peut difficilement se faire une idée précise. C'est qu'en effet et paradoxalement, bien que la marge de manœuvre soit étroite pour le gouvernement en place, l'immigration est un thème fort des campagnes électorales, et un domaine privilégié des débats parlementaires.

S'il existe de nombreux ouvrages sur l'immigration, dont certains sont de grande qualité, il n'en est pas moins difficile de trouver sur ce sujet une information simple, claire et objective tant la documentation disponible est volumineuse, tout en étant partielle, et souvent tendancieuse. L'alternance politique a en outre en 1981, 1986, 1988, 1993, 1995 et 1997, entraîné des modifications substantielles des règles relatives à l'entrée et au séjour des étrangers qui vivent en France ainsi qu'à l'acquisition de la nationalité française, rendant un peu plus incompréhensible, pour l'opinion publique, une matière déjà complexe.

Ce livre n'a d'autre ambition que de répondre, sans préjugés, aux questions les plus fréquemment posées :

Qui sont les étrangers ? Combien sont-ils ? Quel est leur statut ? Quelle politique est mise en œuvre à leur égard ? A ce titre, il s'adresse à tous ceux qu'intéressent ces problèmes, en particulier aux étudiants et aux enseignants, auxquels il apporte les principales informations disponibles, mais également aux personnes directement concernées, qui y trouveront l'essentiel des dispositions qui leur sont applicables.

La première édition de cet ouvrage (octobre 1986) analysait une réglementation mise en place pour une bonne part par le premier gouvernement socialiste.

La deuxième (février 1991) tenait compte des modifications intervenues au cours de la double alternance politique de 1986 à 1988.

La troisième (janvier 1995) intégrait les dispositions législatives et réglementaires importantes entrées en vigueur en 1993 et au début de l'année 1994.

La présente édition fournit les données statistiques les plus récentes et prend en compte les mesures adoptées en 1998 à l'initiative du gouvernement issu des élections de 1997.

PREMIÈRE PARTIE

LES DONNÉES DE L'IMMIGRATION

Chapitre I

LES GRANDES ÉTAPES DE L'IMMIGRATION[1]

I. — Des origines à 1946

1. **Avant 1851 : l'immigration de voisinage.** — Jusqu'en 1851, l'immigration a été un phénomène naturel et de voisinage, facilité par l'identité des tempéraments et des modes de vie entre Français et étrangers vivant de part et d'autre de frontières incertaines ; ainsi les Belges franchissent la frontière du Nord et des Ardennes, les Allemands et les Suisses celle de l'Est, les Italiens celle du Sud-Est ; les Espagnols apparaissent dans le Roussillon et le Pays Basque, tandis que les Anglais commencent l'invasion pacifique des côtes de la Manche. Seule exception : les Polonais qui, partis de plus loin, s'enfoncent directement jusque dans les Charentes, en passant par la Marne. Non seulement cette immigration reste frontalière, mais elle épouse les obstacles sans les franchir : les Vosges, le Jura, les Basses-

1. Sur l'histoire de l'immigration, voir G. Tapinos, *L'immigration étrangère en France, 1946-1973*, Paris, PUF, 1975.

Alpes et les Pyrénées retardent la progression des étrangers, alors que les plaines du Nord la facilitent. Des grandes villes comme Marseille, Lyon et Paris sont déjà des pôles d'attraction.

2. **De 1851 à 1931 : une progression constante.** — Avec le recensement de 1851 et le premier comptage des étrangers cesse l'incertitude antérieure sur leur nombre. A cette date ils sont 381 000 dont 128 000 Belges, 30 000 Espagnols, 63 000 Italiens, 25 000 Suisses et 135 000 divers. Dès lors, leurs effectifs ne feront qu'augmenter au fil des recensements, encore que le nombre important des naturalisations réduise la part effective des étrangers ou des personnes d'origine étrangère, mais française de naissance, dans la population globale. Le premier million est atteint en 1881, en 1921 ils sont 1 532 000, en 1926 2 405 000 et en 1931 2 715 000 avec un pourcentage de la population totale (6,58 %) comparable à celui d'aujourd'hui malgré un nombre élevé (plusieurs millions) d'acquisitions de la nationalité française. Dominent alors les Italiens (808 000), les Polonais (508 000), les Espagnols (352 000) et les Belges (254 000). Depuis 1921 sont apparues des nationalités nouvelles : Portugais et Africains.

C'est dans cette période que se dessinent les caractéristiques de l'immigration française : conséquence à la fois du ralentissement de l'accroissement naturel de la population et de l'essor économique du pays, elle est le fait d'hommes jeunes, salariés pour la plupart, qui viennent occuper les emplois en expansion ou délaissés par les Français. Aussi les trouve-t-on dans l'agriculture, les carrières, les mines de charbon et de fer, le bâtiment et le terrassement, la métallurgie et les emplois domestiques. C'est aussi à cette époque que l'on voit se dessiner les premières tentatives d'organisation de l'immigration, soit du fait d'organismes privés : Fédération des Sociétés agricoles du Nord-Ouest ; Houillères du Nord et du Pas-de-Calais pour les mineurs polonais, Comité des Forges de Meurthe-et-Moselle pour les Italiens, Société générale d'Immigration créée en 1924 ; soit du fait de l'État qui à partir de 1916 prend en charge le recrutement de certains migrants (Grecs, Portugais et Espagnols) et qui, par le décret du 2 avril 1917 crée pour la première fois, une carte de séjour pour les étrangers.

3. **De 1931 à 1946 : Le reflux.** — Ni la première guerre mondiale, ni la crise de 1921 n'ont freiné l'immigration qui au contraire, du fait des besoins nés de la reconstruction et de la prospérité économique, a atteint des volumes spectaculaires, la présence étrangère en France s'accroissant de 1 million en dix

ans entre 1921 et 1931. En revanche, la crise de 1931 et la guerre de 1939 entraîneront un reflux important. Avec la crise de 1931 apparaissent les premières dispositions prises par les pouvoirs publics pour ralentir l'entrée des travailleurs étrangers, et encourager les départs, notamment de ceux qui sont au chômage, par une assistance financière. La loi du 10 août 1932 destinée à protéger la main-d'œuvre nationale pose le principe de la limitation des effectifs étrangers dans chaque secteur. L'afflux des réfugiés espagnols à la veille de la guerre ne compense pas la diminution de la population étrangère qui, ramenée à 2 158 000 en 1936, tombe à 1 744 000 en 1946.

II. — De 1946 à nos jours

1. L'impératif migratoire au lendemain de la guerre. — La guerre laisse la France exsangue. L'économie est à reconstruire alors que la diminution de la population française est d'environ 1 million de personnes. L'immigration est donc une nécessité évidente sur laquelle tout le monde s'accorde. En revanche, des divergences apparaissent sur l'évaluation des besoins. Pour l'INED, l'estimation varie selon les hypothèses de calcul, de 5,5 millions à 14,4 millions de personnes. Le Commissariat au plan, créé en 1946, estime de 1 à 1,5 million le nombre des ouvriers étrangers susceptibles de s'établir en France sur cinq ans. La Commission de la main-d'œuvre préconise quant à elle l'entrée de 500 000 travailleurs étrangers, dont 250 000 en 1947 et, sur dix-huit mois, 430 000 personnes avec les Algériens. Si l'immigration est souhaitable, elle doit être maîtrisée : l'ordonnance du 2 novembre 1945 définit les conditions d'entrée et de séjour en France des étrangers et crée l'Office national d'immigration auquel l'État confie le monopole des opérations de recrutement des travailleurs, ainsi que l'organisation du regroupement des familles.

2. L'échec de l'immigration organisée. — De 1946 à 1974 et malgré la suspension officielle de l'immigration cette année-là, le nombre des étrangers n'a cessé de s'accroître comme en témoignent les résultats des recensements : 1946 : 1 744 000 ; 1954 : 1 765 000 ; 1962 : 2 170 000 ; 1968 : 2 621 000 ; 1975 : 3 442 000. Cependant, l'évolution de l'immigration pendant cette période a été fluctuante et complexe, obéissant à la fois à des facteurs conjoncturels et à des mouvements structurels plus profonds.

A) *De 1946 à 1956 l'échec d'une immigration maîtrisée.* — Les différents organismes qui ont à connaître des problèmes de l'immigration : Commission interministérielle de peuplement et d'assimilation, Commission nationale de la main-d'œuvre et Commission interministérielle de l'immigration se fixent des objectifs quantitatifs et qualitatifs : de 1946 à la fin 1947, les entrées doivent toucher 430 000 personnes. L'effort sera concentré sur l'Italie (accord du 22 février 1946) même si des accords avec les Hauts commissariats britannique et américain, ainsi qu'avec l'Organisation internationale des réfugiés visent à diversifier les nationalités accueillies. Le résultat sera bien différent : il n'y aura sur cette période que 100 000 entrées comptabilisées par l'ONI, les Algériens qui bénéficient de la libre circulation l'emportant sur les Italiens. En revanche, l'immigration saisonnière est importante et touche 175 000 travailleurs de 1950 à 1955. A partir de 1950, et malgré la réaffirmation des besoins importants de l'économie, l'immigration restera à un niveau très bas, sauf pour les Algériens dont le solde net entre 1950 et 1955 est de 155 000. L'ONI, dont les missions pourtant ont été précisées par un décret du 20 septembre 1948, n'aura pas le rôle qui en était attendu : les procédures d'introduction sont lourdes, l'accueil notamment des familles est négligé, les problèmes de logement non résolus ; la main-d'œuvre clandestine apparaît sur le marché du travail ; conséquence : l'image des étrangers est mauvaise dans l'opinion publique, comme l'attestent deux sondages de 1947 et 1948.

B) *L'essor de l'immigration de 1956 à 1965.* — Cette décennie caractérisée par une transformation profonde des conditions du marché du travail, la guerre d'Algérie, la reprise économique et la modification du contexte international est marquée par une grande fluctuation des flux migratoires. De 1955 à 1961 le solde de l'immigration algérienne tombe à 11 300 par an, tandis que l'ONI introduit ou régularise 432 000 travailleurs permanents parmi lesquels les Espagnols, mais aussi les Marocains et les Portugais progressent au détriment des Italiens. Ces chiffres, très éloignés des prévisions du Plan, prouvent que les flux migratoires échappent aux pouvoirs publics, et au contrôle de l'ONI qui régularise les entrées *a posteriori.* A partir de 1962, la fin de la guerre d'Algérie qui entraîne le retour des militaires du contingent et l'arrivée massive des rapatriés provoque un accroissement exceptionnel de la population active nationale. L'immigration étrangère, loin de décroître ou de se stabiliser, connaît au cours de la même période un niveau jamais atteint par le passé. Au total, sur la période 1962-1965, l'immigration nette effective s'est élevée à 718 000 personnes actives dont 324 000 rapatriés, 283 000 étrangers ONI et 111 000 Algériens, l'ONI introduisant plus d'un demi-million de travailleurs permanents en quatre ans. Au demeurant, cette immigration se modifie dans ses structures et se diversifie dans ses sources : c'est l'époque du recul de l'immigration italienne, de l'essor des immigrations espagnole (surtout familiale), et portugaise (qui passe de 20 000 en 1959 à plus de 200 000 en 1965), de la reprise des immigrations marocaine et algérienne et de l'apparition d'une immigration africaine noire. Au total, pour cette décennie, la population étrangère et algérienne s'est accrue d'environ 1 million de personnes, le nombre d'étrangers résidant en France (hors Algériens) atteignant 2 300 000 personnes. Cependant, cette extension s'est faite dans l'anarchie, le taux de régularisation par l'ONI atteignant 79 % en 1965. La prise de conscience par les pouvoirs publics de cette situation allait les amener à réagir par un élargissement du champ d'intervention de l'ONI, par un contrôle de l'immigration algérienne et africaine noire, et par l'extension du champ de compétence et des interventions du Fonds d'action sociale pour les travailleurs immigrés et leurs familles (FAS), créé en 1958.

C) *Du contrôle à la suspension de l'immigration (1966-1974).* — Comme celle qui la précède, cette période se caractérise par un niveau élevé de l'immigration puisque, sur les six premières années, l'ONI enregistre en moyenne 170 000 entrées, travailleurs et membres de leur famille, le solde net s'établissant à 901 000 personnes, dont 210 000 Algériens. Mais cette augmentation n'est pas linéaire : après un ralentissement entre 1966 et 1968, l'immigration marque une reprise très sensible de 1969 à 1970, pour chuter brutalement à partir de 1971. Des régimes particuliers apparaissent : pour les travailleurs de la CEE qui bénéficient, à partir d'octobre 1968, de la libre circulation, et pour les Algériens, pour lesquels l'accord signé à Alger le 27 décembre 1968 crée le certificat de résidence, à la fois titre de séjour et carte de travail, mais contingente les entrées. Enfin, si l'essor de l'immigration portugaise se confirme avec plus de 88 000 entrées en 1970, les immigrations marocaine, tunisienne et turque attestent de la diversification des sources de recrutement.

Mais cette période est surtout marquée par le contrôle accru de l'État sur le processus migratoire.

Une circulaire du ministère des Affaires sociales du 29 juillet 1968 restreint la pratique des régularisations dont le taux n'a cessé de croître pour atteindre cette même année 82 %. La circulaire du 23 février 1972, va beaucoup plus loin en revenant au régime général défini en 1945 et en subordonnant la politique d'immigration à la situation de l'emploi. Des circulaires complémentaires confirmeront le retour aux ordonnances de 1945 et l'interdiction des régularisations. Cette politique s'avérera efficace puisque le taux de régularisation retombera à 44 % en 1972. Par un arrêt du 13 janvier 1975, le Conseil d'État annulera la circulaire de février 1972. Mais cette décision sera de peu d'effet sur les procédures migratoires puisque entre-temps, le gouvernement a, en juillet 1974, suspendu l'immigration.

En effet, plusieurs circulaires des ministères de l'Intérieur et du Travail ont en 1974 suspendu provisoirement non seulement l'immigration des travailleurs étrangers, mais également l'introduction en France des familles rejoignantes.

Le Conseil d'État a, en novembre 1978, annulé ces circulaires. Juridiquement parlant, il n'y a donc plus d'interdiction générale d'entrée en France des travailleurs étrangers et de leurs familles, aucun texte législatif ou réglementaire ne l'ayant réintroduite ultérieurement. Les expressions de « suspension » ou « d'arrêt » de l'immigration, souvent utilisées depuis, n'ont donc aucun fondement juridique. Elles ne doivent être entendues que comme l'affirmation d'une volonté politique.

3. **Le nouveau profil de l'immigration.** — Les années qui suivent sont marquées par une forte diminution des entrées puis les flux migratoires reprennent mais avec de nouvelles caractéristiques. Ces traits qui s'esquissent dans les années 1980 et qui s'affirment à

partir de 1990 peuvent se schématiser ainsi : les procédures d'entrée en France se diversifient avec notamment le bénéfice de la libre circulation accordée aux ressortissants de l'Union européenne et la création de nouvelles catégories de primo-arrivants (membres de familles de Français, visiteurs) ; l'origine géographique des flux se mondialise mais, dans le même temps, la prépondérance du continent africain s'accentue ; la venue des familles devient le premier motif d'entrée loin devant l'exercice d'une activité. Les opérations de régularisation dont les plus importantes se déroulent en 1981-1982 (130 000 admissions au séjour) et à partir de juin 1997, mettent en lumière *a posteriori* la permanence d'une immigration irrégulière.

Les résultats des recensements effectués durant cette période (3,7 millions d'étrangers en 1982 ; 3,6 millions en 1990) traduisent, pour la première fois depuis l'après-guerre, une stagnation de la présence étrangère, le nombre annuel des nouvelles entrées (environ 100 000) équivalant à celui des acquisitions de la nationalité française.

Chapitre II

LA PRÉSENCE ÉTRANGÈRE EN FRANCE ET LES FLUX D'ENTRÉE DEPUIS 1990

I. — Le problème du nombre des étrangers et de l'évaluation des entrées

1. **Les divergences d'appréciation.** — Les étrangers, combien sont-ils ? — L'absence de registre de population, comme en possède la majorité des pays de l'Union européenne, ne permet pas d'apporter une réponse assurée. D'autre part, cette question subit les perversions du débat passionnel qui entoure l'immigration, et des chiffres parfois avancés, nés d'amalgames rien moins qu'innocents, sont des plus fantaisistes. Ce flou statistique résulte de deux éléments : le premier tient à ce qu'outre le concept juridiquement précis d'étranger, existent deux autres concepts, celui d'immigré et celui de population d'origine étrangère, qui recouvrent des réalités et des effectifs tout à fait différents, porteurs d'ambiguïté lorsque l'on ne compare pas des choses comparables. Le second résulte des erreurs éventuelles de dénombrement et des corrections qui s'en suivent. Bien que minimes, les modifications qu'elles entraînent peuvent changer le sens des évolutions d'un recensement à l'autre, par rapport aux variations apparentes lors de la publication des résultats.

2. **Les étrangers recensés.** — Faute de registre de population, faute d'une comptabilisation fiable des titres de séjour délivrés, le recensement général de la population qui a lieu tous les sept ou huit ans demeure le seul instrument de comptage de la population étrangère. Les trois derniers recensements se sont déroulés en 1975, 1982 et 1990. Ils ont donné lieu à des fascicules particuliers sur les étrangers, dont sont extraites les informations qui suivent[1]. Les étrangers recensés sont ceux qui vivent de façon habituelle en France métropolitaine : travailleurs permanents et membres de leur famille, étudiants, stagiaires, etc. Ne sont pas recensés les touristes, les travailleurs saisonniers ou toute autre personne faisant en France un séjour de courte durée.

Dans les résultats fournis par les recensements de la population, sont classés comme étrangers les habitants qui se sont déclarés comme tels à la question n° 6 du bulletin individuel *(Nationalité)*. S'agissant d'une personne née hors de France, la nationalité ainsi déclarée correspond vraisemblablement à celle figurant sur son titre d'identité ou son titre de séjour. S'agissant d'une personne née en France de parent(s) étranger(s), elle peut s'être déclarée étrangère alors que, vis-à-vis du Code de la nationalité française, elle est française ou, inversement, s'être déclarée française alors que la législation en vigueur ne lui reconnaît pas cette qualité. Si elle est adulte, sa nationalité sera déterminée à l'occasion d'un acte de sa vie civile (demande d'inscription sur une liste électorale, demande de passeport, service national, etc.). Un enfant vivra le plus souvent avec une nationalité déclarée par ses parents (à l'école, au recensement, etc.), qui peuvent ignorer s'il a ou non la

1. N° 19 de juin 1992 de la revue de l'INSEE, *Démographie société* pour le recensement de 1990.

qualité de Français[1]. Le Code est relativement complexe et il n'est pas question de l'exposer ici. En outre, deux lois du 22 juillet 1993 et du 11 mars 1998 ont modifié les dispositions en vigueur en 1990 et, partant, certaines des conditions pour se déclarer « Français » ou « Étranger » retenues lors du recensement. Pour s'en tenir à l'essentiel, on indiquera les cas les plus fréquents :

— est français par filiation tout enfant, légitime ou naturel, dont l'un des parents au moins est français[2] (ce qui revient à dire que tous les enfants de couples dits « mixtes » sont français) ;
— est français par la naissance en France tout enfant, légitime ou naturel, né en France lorsque l'un de ses parents au moins y est lui-même né, avec la faculté de répudier cette qualité dans les six mois précédant sa majorité. Dans les textes sur la nationalité, la France comprend la France métropolitaine, les DOM-TOM et, pour toute personne née avant 1962, l'Algérie. Il en résulte qu'un enfant né en France de parent(s) algérien(s) né(s) en Algérie avant 1962 est français. Or, un très grand nombre de ces enfants sont déclarés algériens au recensement[3]. Au recensement de 1982, environ 240 000 enfants mineurs nés en France métropolitaine ont ainsi été déclarés algériens (soit 25 % des enfants étrangers de moins de 18 ans) ; au recensement de 1990, leur nombre estimé était de l'ordre de 100 000 ;
— tout étranger contractant mariage avec un conjoint de nationalité française peut acquérir cette nationalité par déclaration, après un délai qui a plusieurs fois varié et qui, depuis 1998, est d'un an ;
— tout enfant né en France de parents étrangers et qui y réside acquiert la nationalité française à sa majorité, sauf s'il décline la qualité de Français dans les six mois précédant sa majorité ou dans les douze mois qui la suivent.

1. Les actes d'état civil français ne comportent pas d'énonciations relatives à la nationalité, et en particulier, la nationalité d'un nouveau-né ne figure pas dans l'acte de naissance.

2. Avec la possibilité, si l'enfant n'est pas né en France, de répudier la qualité de français dans les six mois précédant sa majorité, si son autre parent n'a pas acquis la nationalité française.

3. Bien que leur qualité se soit améliorée, il en va vraisemblablement de même dans les statistiques du ministère de l'Éducation où l'enregistrement de la nationalité de l'enfant peut reposer sur la déclaration de ses parents.

Cette disposition, dite d'acquisition « sans formalité », avait été supprimée en 1993 et remplacée par la procédure de manifestation de volonté, elle-même abrogée en 1998 ;

— tout mineur né en France de parents étrangers et qui y réside peut, à partir de 16 ans, réclamer la nationalité française par déclaration ; dès l'âge de 13 ans, cette réclamation peut être faite par le représentant légal du mineur et avec le consentement personnel de celui-ci. Des dispositions analogues existaient avant 1993 ; supprimées par la loi du 22 juillet, elles ont été rétablies en 1998 ;

— tout étranger majeur peut acquérir la nationalité française par décision de l'autorité publique ; elle résulte, en ce cas, d'une naturalisation accordée par décret. La demande, pour être recevable, est soumise à une série de conditions dont une durée de séjour en France de cinq années. Les enfants mineurs acquièrent la qualité de Français par effet collectif, dès lors qu'ils résident en France avec le parent naturalisé.

Toutes procédures confondues, y compris celles qui n'ont pas été mentionnées ci-dessus, on parvient au total suivant :

Acquisitions et attributions de la nationalité française en 1990 et 1997

Année	*Acquisitions par décret*	*Dont effet collectif*	*Acquisitions par déclaration*	*Dont par mariage*	*Jeunes nés en France**	*Total*	*Attributions à la naissance***
1990	34 899	10 610	30 077	15 627	23 500 (e)	88 476 (e)	17 000 (e)
1997	60 485	18 471	23 191	20 845	32 518	116 194	6 000 (e)

* Acquisitions sans formalité en 1990 ; par manifestation de volonté en 1997.
** Enfants nés Français de parents étrangers par application du double droit du sol.

3. **La mesure des flux d'entrée.** — Si l'évaluation de la présence étrangère à un moment donné soulève de nombreuses difficultés, le dénombrement des entrées en pose bien d'autres, tout aussi complexes. Pour aller au plus simple nous n'en évoquerons que trois. D'abord, il existe un problème de terminologie

puisque par « entrées » on entend à la fois des arrivées depuis l'extérieur du territoire national, des régularisations de personnes déjà en France mais de manière irrégulière et des changements de statut (cf. *infra,* III). Dès lors, les entrées correspondent plus exactement à une première apparition statistique.

Ensuite, et indépendamment de leur fiabilité, les sources disponibles ne renseignent que sur les étrangers dans le champ de compétence des organismes producteurs des données : l'Office français de protection des réfugiés et apatrides ne connaît que les demandeurs d'asile et les bénéficiaires du statut de réfugié, l'Office des migrations internationales que les personnes astreintes à passer une visite médicale. La suppression de cette obligation pour les ressortissants de l'Union européenne puis de l'Espace économique européen, qui circulent librement entre les États membres, a ainsi fait disparaître toute information sur un nombre croissant de flux.

Enfin, selon la nature des statistiques elles-mêmes, on distingue celles qui comptabilisent des personnes (c'est-à-dire un flux physique) et que l'on peut tenir pour exhaustives, et celles qui dénombrent des titres de séjour délivrés (soit un flux administratif) et qui ne disent rien de ceux qui ne sont pas tenus d'en posséder un. Pour combler ces différentes lacunes, il est nécessaire d'ajouter aux nombres lus sur les états statistiques des estimations, parfois fragiles, pour tenter de prendre une vue d'ensemble des « entrées » d'étrangers en France au cours d'une année déterminée.

II. — La présence étrangère en 1990

Bien qu'anciens, les résultats du recensement de 1990 demeurent la seule « photographie » exhaustive de la présence étrangère en France, aussi longtemps que ne seront pas disponibles ceux du recensement de 1999. La présentation des principales informations issues du sondage au quart conserve donc tout son intérêt.

1. **L'évolution depuis 1975.** — Elle se traduit par une relative stabilité quantitative du nombre des étrangers, mais par une assez grande modification qualitative de l'immigration.

A) *La stabilité quantitative.* — Si la proportion d'étrangers dans la population de la France a continuellement progressé entre 1954 et 1975, elle s'est stabilisée depuis. En effet, si l'on tient compte des corrections post-recensement tenant aux omissions, aux doubles comptes et aux erreurs de déclaration de nationalité, le nombre des étrangers était le suivant :

	1975	*1982*	*1990*
	(en milliers)		
Population totale	52 599	54 295	56 652
Étrangers	3 442	3 514*	3 597
Pourcentage	6,54	6,47	6,35

* Nombre rectifié. La série publiée par l'INSEE indique 3 714 milliers.

Il se situe ainsi au cours des vingt dernières années dans une fourchette de 3,4 à 3,6 millions, représentant de 6,5 à 6,3 % de la population globale. La période récente est donc caractérisée par un freinage important de l'immigration, lié à la baisse de l'emploi dans l'industrie et le bâtiment, ainsi qu'aux mesures gouvernementales prises à partir de 1973 pour limiter l'entrée de nouveaux travailleurs étrangers. L'accroissement du volume des acquisitions de la nationalité française contribue également à cette stabilisation.

D'où vient alors que l'opinion publique française draine l'image d'une immigration en constant accroissement ? C'est qu'en changeant de nature, l'immigration est devenue plus « voyante ». Dans un contexte de crise économique, elle est devenue plus « encombrante ». En outre, la perception qu'ont les Français de la présence étrangère est faite d'un certain nombre de confusions et d'amalgames : confusions entre les notions d'étranger, d'immigré (qui comptabilise des Français par acquisition nés hors de France), de population d'origine étrangère (ou issue de l'immigration) qui englobe les enfants de la deuxième voire de la troisième génération, pour la plupart Français ; amalgame entre l'immigration permanente et l'immigration temporaire, voire entre étrangers et Français des départements d'outre-mer.

B) *Les modifications qualitatives.* — Nombreuses, elles prolongent celles qui étaient engagées depuis 1962, et parfois auparavant. Nous retiendrons les trois principales, illustrées par les données figurant dans le tableau ci-après.

En premier lieu, l'origine géographique des étrangers se transforme. L'Europe, principal continent d'origine jusqu'en 1982, cède ce rang à l'Afrique (respectivement 40,7 % et 45,4 %). L'augmentation concerne plus particulièrement les nationalités de l'Afrique noire, tandis que les effectifs des Maghrébins restent stationnaires. Enfin, les événements politiques intervenus dans certains pays ont continué à entraîner la venue en France, souvent en qualité de demandeurs d'asile ou de réfugiés, de communautés autrefois minoritaires : c'est le cas des 197 700 Turcs et des 113 000 originaires du Sud-Est asiatique.

Deuxièmement, la structure par âge met en évidence une proportion de jeunes légèrement plus élevée dans la population étrangère que dans la population totale (les 0-14 ans en représentent respectivement 21,1 % et 19 %) et la répartition par sexe montre que la part des femmes, limitée à 38 % en 1962, avoisine 45 % vingt-huit ans plus tard.

Répartition de la population étrangère totale selon différentes variables aux trois derniers recensements (en %)

Variable	*1975*	*1982*	*1990*
Origine géographique			
Europe (y compris l'ex-URSS)	61,1	47,8	40,7
Afrique	34,6	43,0	45,4
Asie	3,0	7,8	11,8
Amérique	1,2	1,4	2,0
Autre	0,1	—	0,1
Part des jeunes et des femmes*			
Jeunes de 0 à 24 ans	38,9	40,7	35,3
(dont de 0 à 14 ans)	(25,2)	(25,8)	(21,1)
Femmes (de tous âges)	40,1	42,9	44,9
Part des actifs*			
Hommes	62,4	56,1	56,9
Femmes	21,6	23,6	30,5
Deux sexes	46,0	42,2	45,0

* Dans la population étrangère totale.

Source : INSEE-RGP.

Troisième changement, le pourcentage des actifs dans la population étrangère totale augmente à nouveau (de 42,2 % à 45 %) alors qu'il avait diminué de 50,4 % à 42,2 % entre 1962 et 1982. Cet accroissement est principalement le fait des femmes, dont le taux d'activité croît de près de 7 points d'un recensement à l'autre, celui des hommes demeurant stable à hauteur de 56 à 57 %.

2. **Les principales caractéristiques de la population étrangère résidant en France en 1990.** — Outre ces

données essentielles, les caractéristiques suivantes méritent d'être soulignées.

A) *Les nationalités sont très diversifiées.* — Le classement par ordre décroissant s'établit comme suit :

Portugais	649 714 (18,1 %)	Espagnols	216 047 (6 %)
Algériens	614 207 (17,1 %)	Tunisiens	206 336 (5,7 %)
Marocains	572 652 (15,9 %)	Turcs	197 712 (5,5 %)
Italiens	252 759 (7 %)	Ressortissants du Sud-Est asiatique	112 915 (3,1 %)
Africains	239 947 (6,7 %)		

B) *L'implantation géographique est très concentrée.* — Plus du tiers des étrangers vivent dans la région Ile-de-France, et près de 60 % dans trois régions (Ile-de-France, Rhône-Alpes, Provence - Alpes - Côte d'Azur) ; 10 régions sur 22 abritent plus de 100 000 étrangers, et totalisent 84,25 % de la population étrangère. La part des étrangers dans la population totale varie donc fortement selon la région de résidence, passant de 12,9 % dans la région parisienne à 1 % en Bretagne. Enfin notons que près de 7 étrangers sur 10 habitent une unité urbaine de plus de 100 000 habitants contre environ 4 Français sur 10.

C) *Le nombre moyen de personnes par ménage est plus élevé chez les étrangers que chez les Français.* — Les ménages étrangers, c'est-à-dire ceux dont la personne de référence est de nationalité étrangère, sont au nombre de 1 228 000 en 1990, soit 6 % de l'ensemble des ménages. Leur population représente plus de 4,3 millions de personnes, en hausse de près de 300 000 depuis 1982. Ces ménages comprennent en fait un nombre de plus en plus important de Français : le conjoint peut en effet être Français, et dans ce cas les enfants du couple le sont aussi ; en outre, une partie des enfants nés en France de parents étrangers sont Français.

La taille moyenne des ménages étrangers est supérieure à celle du total des ménages recensés et s'en écarte de plus en plus ; la première s'agrandit (3,28 personnes par ménage en 1975, 3,34 en 1982, 3,38 en 1990), alors que la seconde décroît (respectivement 2,88 ; 2,70 ; 2,57). Cette évolution tient à la progression du nombre de ménages d'étrangers hors Union européenne dont la taille, élevée, augmente. En particulier, la part des ménages de 6 personnes ou plus, qui ne dépasse pas 2,5 % pour les ménages français, atteint 29 % pour les ménages algériens, 35 % pour les ménages marocains, ou encore 33 % pour les ménages turcs. Quant aux ménages dont la personne de référence appartient à l'Union européenne, leur taille reste supérieure à la moyenne nationale, mais elle diminue progressivement. Enfin, le nombre d'étrangers vivant hors ménage, notamment dans les foyers de travailleurs, a décliné.

III. — Les flux d'entrée depuis 1990

La classification en vigueur depuis le début de la décennie conduit à distinguer, selon la nature du titre de séjour délivré aux nouveaux étrangers, d'une part l'immigration à caractère permanent composée de ceux qui reçoivent une première carte d'une durée au moins égale à un an, à l'exception notable des étudiants eu égard à leur état par définition provisoire, d'autre part l'immigration à statut temporaire formée de ceux dont la première carte a une durée comprise entre trois mois et un an, plus les étudiants. Pour simplifier, l'immigration saisonnière peut être rangée dans cette seconde catégorie.

1. **L'immigration à caractère permanent.** — En tenant compte des estimations nécessaires pour quantifier les flux mal ou pas du tout renseignés, essentiel-

lement en provenance de l'Union européenne, le nombre annuel d'entrées s'avère toujours supérieur à 100 000 de 1990 à 1993 (jusqu'à 135 000 en 1992), n'atteint pas 80 000 en 1995 et 1996 mais retrouve son niveau antérieur en 1997 (plus de 102 000). Quelques repères de cette évolution sont indiqués dans le tableau suivant :

Immigration à caractère permanent en 1990, 1995 et 1997 (nombres arrondis)

	Nombres lus			*Nombres estimés*			*Ensemble*		
	1990	*1995*	*1997*	*1990*	*1995*	*1997*	*1990*	*1995*	*1997*
UE	11 300	7 900	6 400	6 000	16 800	17 700	17 300	24 700	24 100
Pays tiers	95 200	49 000	74 500	3 300	3 400	3 800	98 500	52 400	78 300
Ensemble	106 500	56 900	80 900	9 300	20 200	21 500	115 800	77 100	102 400

UE : Union européenne, à 12 (dont la France) en 1990, à 15 (dont la France) en 1995 et 1997.
Pays tiers : reste du monde.

Cette vue d'ensemble étant exposée, il est préférable de s'en tenir aux nombres lus, et parmi eux à ceux qui décrivent les entrées des étrangers ne bénéficiant pas de la libre circulation intracommunautaire, pour mettre en évidence les motifs principaux de la venue en France et les origines géographiques dominantes.

A) *La primauté du motif familial.* — La suspension de l'immigration active en 1974 a profondément transformé la hiérarchie des flux migratoires. La réunion des familles auprès d'un de leurs membres résidant déjà dans notre pays mais aussi la constitution de familles nouvelles, en faisant venir le conjoint épousé à l'étranger, sont devenues les raisons premières de l'installation en France.

Principaux flux constitutifs de l'immigration à caractère permanent des étrangers non ressortissants de l'Espace économique européen

Année	*Travailleurs permanents*	*Membres des familles**	*Réfugiés*	*« Visiteurs »*
1990	13 349	55 330	13 486	6 704
1995	5 189	31 567	4 742	6 352
1996	4 267	30 394	4 344	8 905
1997	4 582	31 056	4 112	15 127

* Cumul du regroupement familial, des membres de famille de Français et des membres de famille de réfugiés.

Sources : OMI, OFPRA.

Comme le montre le tableau ci-dessus, un flux de quelques milliers de salariés étrangers subsiste. Il s'agit soit de travailleurs de haute qualification, soit de détenteurs d'une autorisation de travail obtenue en raison de la situation de l'emploi dans telle profession ou du fait de leur situation personnelle. Mais la majeure partie des entrées s'explique par la venue des membres de famille, quelle que soit la procédure utilisée à cet effet. Ce motif intervient constamment pour 60 % dans le total annuel de l'immigration permanente non communautaire, sauf en 1997. En effet, si son niveau se maintient en valeur absolue (à hauteur de 31 000 personnes), son poids relatif diminue avec le début de la prise en compte des bénéficiaires de la régularisation décidée par les pouvoirs publics en juin 1997 (19 000 au 31 décembre de l'année). Le recul du nombre de réfugiés statutaires résulte tant de la contraction du nombre de solliciteurs d'asile (cf. *infra*) que du taux d'acceptation des demandes, de l'ordre de 20 % des dossiers examinés. Enfin, les « visiteurs », qui ne sont pas des touristes, forment un flux composite en brusque accroissement au cours des dernières années, dans lequel figurent notamment plusieurs milliers de membres de famille, ce qui augmente encore leur importance numérique.

B) *La concentration des aires de provenance.* — En restreignant la présente analyse aux nombres lus, on exclut de fait les arrivées depuis la zone de libre circulation qui regroupe les principaux pays européens. Il convient de conserver cette limitation à l'esprit avant d'examiner la répartition par continent d'origine des étrangers composant l'immigration permanente. Sur l'ensemble de la période observée, qui débute en 1990, les ressortissants africains représentent la moitié des entrées dénombrées et près de 60 % en 1997, avec l'enregistrement des premiers effets de la régularisation exceptionnelle précédemment mentionnée. Cette apparente stabilité, sauf pour la dernière année, masque un lent déclin du Maghreb (de 40 % à 35 %) et un essor de l'Afrique au sud du Sahara (de 11 % à 18 %, et jusqu'à 24 % en 1997). L'Asie vient au second rang : du tiers des entrées en 1990, sa participation est passée aujourd'hui à moins du quart. Elle devance le continent américain et l'Europe non communautaire, y compris l'ancienne Union soviétique, qui interviennent l'un et l'autre pour 10 % environ dans l'ensemble des flux d'immigration.

2. **L'immigration à statut temporaire et l'immigration saisonnière.** — Elles ont en commun de n'être plus mesurables, depuis 1992, que pour les étrangers non communautaires. Ainsi l'immigration saisonnière qui permet la venue en France pour une durée maximale de six mois d'actifs occupés à des travaux agricoles a pratiquement « disparu », au plan statistique tout au moins. En 1991, à la veille de l'octroi de la libre circulation aux Espagnols et aux Portugais qui représentaient 80 à 90 % de cette main-d'œuvre, on notait encore l'entrée d'environ 55 000 saisonniers (après 80 000 dans les années 85 et jusqu'à 140 000

au début de la décennie 70). Depuis lors, le flux annuel connu est inférieur à 10 000 personnes.

S'agissant de l'immigration temporaire, elle comprend, pour l'essentiel, les titulaires d'une autorisation provisoire de travail, valable neuf mois et renouvelable, les étudiants et les demandeurs d'asile.

Immigration temporaire et saisonnière d'étrangers non ressortissants de l'Espace économique européen

Année	*Titulaires d'une autorisation provisoire de travail*	*Étudiants*	*Demandeurs d'asile*	*Saisonniers*
1990	3 067	18 962	54 717	7 697
1995	4 526	15 057	20 415	9 352
1996	4 832	15 950	17 405	8 766
1997	4 674	19 180	21 416	8 210

Sources : OMI.

Les premiers, en augmentation, possèdent généralement un niveau de qualification élevée : beaucoup sont chercheurs, cadres et ingénieurs, souvent détachés par leur université ou leur entreprise. Les étudiants, non compris ceux aussi nombreux qui viennent de l'Union européenne, présentent la particularité remarquable d'être pour plus de la moitié de sexe féminin, et cette proportion s'accroît au fil des ans (57 % en 1997). Enfin les demandeurs d'asile ont vu leur effectif divisé par trois en moins de dix ans : de 61 000 en 1989, il se situe aux alentours de 20 000 depuis 1995. Seuls 20 % d'entre eux, on l'a vu, obtiendront le statut de réfugié.

3. **Bilan de l'immigration nette.** — Il n'est pas possible de fournir une estimation valable du solde

annuel des entrées et des sorties, car si les entrées sont enregistrées dans les conditions que l'on vient de voir, il n'en va pas de même pour les sorties. En effet, les immigrés qui quittent définitivement la France ne sont pas tenus de restituer leur titre de séjour, sauf s'ils ont bénéficié d'une des formes « d'aide au retour ». Le point sur les départs entraînés par les dispositifs mis en place depuis 1977 est fait en fin d'ouvrage (cf. *infra,* chap. IV de la troisième partie).

Pour ce qui est du solde migratoire proprement dit, calculé entre la France métropolitaine et le reste du monde, l'INSEE publie des informations qui sont définitivement intégrées dans l'évolution annuelle de la population totale lorsque sont connus les résultats du dernier recensement en date, et des données susceptibles d'être révisées quand débute la nouvelle période intercensitaire. Ainsi de 1975 à 1982 le solde migratoire positif a été évalué à 263 000 personnes et à 431 000 entre 1982 et 1990[1]. Depuis, et jusqu'à l'exploitation du recensement qui se déroule en 1999, l'accroissement migratoire annuel est provisoirement fixé à 80 000 personnes de 1991 à 1993 et à 40 000 depuis 1995.

1. F. Deguet, Un siècle de demographie française, *Demographie Société,* n° 47-48, 1995.

Chapitre III

LES ÉTRANGERS ET LA VIE ÉCONOMIQUE

Traditionnellement, on a imputé à la main-d'œuvre étrangère une fonction structurelle de double ajustement à la fois quantitatif et qualificatif, ce qui expliquait tant la nature des emplois occupés que leur niveau de qualification. Sous l'effet de différents facteurs, des changements profonds sont intervenus dont rendent compte les résultats du dernier recensement disponible (1990) et, depuis, ceux des enquêtes annuelles sur l'emploi de l'INSEE auprès d'un échantillon de ménages ordinaires.

I. — L'évolution depuis les années 1980

1. **Des transformations aux causes multiples.** — Comme toute population, la population active étrangère se renouvelle, mais plusieurs raisons font que ses mutations sont à la fois plus fréquentes et plus intenses. D'abord, au plan numérique, les flux d'entrée d'étrangers sur le marché du travail comprennent non seulement les travailleurs venus de l'extérieur pour exercer une activité (entrées directes) mais aussi des personnes ayant immigré pour un autre motif et qui, immédiatement, occupent un emploi (entrées indirectes), et enfin d'autres, déjà présentes sur le territoire sans avoir jamais travaillé, qui deviennent actives

(entrées différées). Au total, on a pu estimer à environ 100 000 le nombre annuel de nouveaux étrangers qui sont entrés, ou ont tenté d'entrer, sur le marché national de l'emploi, seul un quart d'entre eux correspondant à des entrées directes[1]. Pour ce qui concerne les sorties, ou tout au moins les sorties du champ des enquêtes qui sont, toutes, fondées sur la variable « nationalité », il ne faut pas oublier que les acquisitions de la nationalité française réduisent le volume de la main-d'œuvre étrangère. Très approximativement, la diminution ainsi opérée chaque année en France représente 50 000 actifs qui viennent s'ajouter aux autres retraits dus aux démissions, aux licenciements et aux départs à la limite d'âge.

Qualitativement ensuite, les deux phénomènes précédents exercent une influence sur la composition et les caractéristiques de la population active étrangère. Par exemple, le processus de féminisation qui agit lui-même sur le type d'emplois occupés, dépend étroitement du volume des entrées indirectes et différées dans lesquelles les femmes sont majoritaires. Ou encore, le niveau de qualification professionnelle qui ressort de l'exploitation de chaque enquête subit le contrecoup des naturalisations puisque celles-ci ont été accordées, jusqu'à un certain point, aux plus qualifiés.

2. **La contraction et la redistribution sectorielle de l'emploi étranger.** — Les informations récapitulées dans les tableaux ci-après donnent une vue d'ensemble des variations intervenues durant les deux dernières décennies, au prix de quelques approximations qui ne remettent pas en cause les grandes tendances dégagées.

A) *Une décroissance continue.* — Durant l'intervalle intercensitaire 1982-1990, le nombre de travailleurs

1. Cf. Jean-François Léger, *Mouvements* n° 19, mars-mai 1998.

Population active étrangère ayant un emploi par secteur d'activité en 1982 et 1990

Secteur économique	*1982*	*1990*	*Évolution*
Agriculture			
Nombre	58 660	43 812	— 14 848
%	4,4	3,4	— 25,3
Industrie			
Nombre	455 016	342 152	— 112 864
%	33,8	26,2	— 24,8
Bâtiment			
Nombre	307 140	268 801	— 38 339
%	22,8	20,6	— 12,5
Services			
Nombre	524 880	649 379	+ 124 499
%	39	49,8	+ 23,7
Total			
Nombre	1 345 696	1 304 144	— 41 552
%	100	100	— 3,1

Source : INSEE-RGP.

Population active étrangère ayant un emploi selon le statut et par activité économique en 1991 et 1997

Statut/secteur économique	*1991*	*1997*	*Évolution*
Selon le statut			
Actifs occupés, dont	1 252 038	1 205 193	— 46 845
Salariés	1 131 276	1 077 651	— 53 625
Non-salariés	120 762	127 542	+ 6 780
Selon le secteur économique (salariés)			
Agriculture			
Nombre	29 578	33 691	+ 4 113
%	2,6	3,1	+ 13,9
Industrie			
Nombre	288 990	214 182	— 74 808
%	25,6	19,9	— 25,9
Construction			
Nombre	229 231	176 216	— 53 015
%	20,3	16,4	— 23,1
Services			
Nombre	581 785	653 562	+ 71 777
%	51,5	60,6	+ 12,3
Total			
Nombre*	1 131 276	1 077 651	— 53 625
%	100	100	— 4,7

* Y compris activités indéterminées.

Source : INSEE, enquêtes Emploi.

étrangers occupant un emploi recule de 1,346 million à 1,304, soit une diminution de 41 500 actifs. Dans le même temps, les effectifs nationaux ayant une activité progressent d'environ 840 000 ce qui a pour effet de ramener de 6,3 % en 1982 à 5,85 % huit ans plus tard le taux de présence étrangère dans la population active occupée. Dans la période qui suit, les résultats des enquêtes Emploi effectuées de 1991 à 1997 confirment la même évolution contrastée : décroissance de la main-d'œuvre étrangère pourvue d'un emploi qui passe de 1,25 à 1,2 million (soit — 46 900 travailleurs et — 53 600 uniquement pour les salariés) ; augmentation, mais ralentie, du nombre de nationaux en activité (+ 250 000 environ). De ce fait, la part des étrangers dans la population active occupée recule à nouveau de 5,6 % à 5,4 %.

Parallèlement à cette contraction, la main-d'œuvre étrangère se féminise : la proportion d'actives qui excédait le cinquième en 1982 (22,3 %), dépasse le quart en 1990 (27,6 %) puis le tiers en 1997 (34,6 %).

B) *Une tertiairisation accentuée.* — Les soldes négatifs observés à la fin de chacune des périodes (— 41 500 entre 1982 et 1990 ; — 46 800 entre 1991 et 1997) résument les variations de sens opposé qui caractérisent les grands secteurs économiques. Quels que soient la source statistique utilisée et les écarts de dénombrement qui s'en suivent, le constat est sans ambiguïté : d'un côté, les effectifs de l'industrie et du bâtiment décroissent, de l'autre le nombre d'étrangers travaillant dans les services connaît une expansion soutenue. Trois chiffres l'attestent : en 1982, le tertiaire occupe 40 % de la population étrangère ayant un emploi, en 1990-1991 la moitié et en 1997 environ 60 %. Cette localisation désormais majoritaire dans des activités très diverses — commerce, éducation, santé, recherche et développement, informatique mais aussi services de nettoyage, services domestiques, etc. — s'explique d'abord par la raison commune qu'elles seules sont créatrices nettes d'emploi, ensuite par l'entrée sur le marché du travail des femmes étrangères et d'une seconde génération mieux scolarisée.

II. — Le point actuel

Au terme, provisoire, de l'évolution que l'on vient de retracer, la dernière enquête Emploi (mars 1998) fait apparaître la situation suivante : la population active étrangère comprend 1 586 652 personnes (soit 6,2 % de l'effectif total, national plus étranger) ; parmi elles, 1 210 636 occupent un emploi et 376 016 en recherchent un. Les informations disponibles permettent de décrire quelques caractéristiques démographiques puis socio-économiques de cette population et d'analyser les particularités du chômage étranger.

1. **Les caractéristiques démographiques.** — Plus d'un tiers des actifs est originaire de l'Union européenne (575 535, soit 36,3 %), les Portugais (316 023) venant au premier rang, suivis des Espagnols (88 157) et des Italiens (72 889). Les ressortissants des pays n'appartenant pas à cette zone géopolitique sont plus d'un million (1 011 117, soit 63,7 %), en majorité issus du Maghreb (Algériens 241 552, Marocains 229 569, Tunisiens 84 428), puis de l'Afrique subsaharienne (122 222) et de Turquie (78 965).

La proportion de femmes atteint 37 % mais ce taux moyen recouvre des réalités très différentes selon les nationalités. Elle dépasse 40 % parmi la main-d'œuvre communautaire, et 44 % pour les Portugais, alors qu'elle ne représente plus que 35 % pour l'ensemble des étrangers hors Union européenne avec, là aussi, toute une gamme de situations. Si les Algériens et les Tunisiens sont proches de cette valeur, il n'en va pas de même pour les Marocains (30 %) ni pour les Turcs (28 %).

2. **Les caractéristiques socio-économiques.** — La répartition par catégorie socioprofessionnelle de tous les actifs étrangers, qu'ils aient un emploi ou non (1,587 million) puis par secteur économique des seuls salariés (1,069 million) avec, en regard, celle des nationaux appartenant aux catégories correspondantes, met en évidence quelques traits communs mais aussi de fortes disparités.

Ouvriers pour la moitié d'entre eux, employés à hauteur d'un quart, les actifs étrangers exercent une profession intermédiaire (technicien, contremaître, etc.) dans une proportion inférieure à 10 % et sont 7 % environ à occuper une position de cadre ou d'ingénieur.

Catégorie socioprofessionnelle	*Français*	*Étrangers*
Ouvriers	26	47,6
Employés	30,1	25,2
Professions intermédiaires	20,7	8,5
Cadres	12,7	6,9
Autres	10,5	11,8
Total	100	100
(Effectif, en millions)	23,991	1,587

Dans la catégorie « employés », le poids relatif des étrangers se rapproche de celui des Français, les femmes immigrées de plus en plus présentes sur le marché du travail étant à l'origine de cette proximité. L'écart tend à se combler aussi, même s'il demeure important, lorsqu'il s'agit des ouvriers à la suite des destructions d'emplois intervenues lors des restructurations industrielles. En revanche, il se situe, au minimum, dans un rapport du simple au double dès que l'on considère les qualifications les plus élevées.

Premier secteur d'emploi, le tertiaire regroupe 61 % des salariés étrangers soit respectivement trois et quatre fois plus que l'industrie (21 %) et la construction (15 %).

Activité économique	*Français*	*Étrangers*
Agriculture et pêche	1,5	2,7
Industrie	20,2	21,2
Construction	4,9	15,3
Commerces, services	73,4	60,8
Total	100	100
(Effectif, en millions)	18,656	1,069

Source : Enquête Emploi, 1998.

Les salariés français et étrangers travaillent désormais dans l'industrie dans des proportions identiques. Au contraire, la construction dans un sens, les activités tertiaires dans l'autre illustrent la distance qui les sépare encore malgré la réduction substantielle des postes de travail tenus par les étrangers dans le bâtiment et leur pénétration continue dans les commerces et les services.

3. **Le chômage étranger.** — Parmi les trois millions de personnes qui se sont déclarées au chômage (selon la définition qu'en donne le Bureau international du travail), 376 000 possèdent une nationalité étrangère dont 41 % de femmes. Les étrangers représentent ainsi plus de 12 % des travailleurs à la recherche d'une activité au lieu de 6 % environ de ceux qui en exercent une. Plus significative encore est l'analyse qui fait appel au taux de chômage, c'est-à-dire au

rapport entre le nombre de chômeurs et le total des actifs ayant ou non un emploi. Selon cet indicateur, le constat s'établit ainsi :

Taux de chômage (au sens du BIT) selon la nationalité regroupée et le sexe

	Hommes	*Femmes*	*Deux sexes*
Français	9,3	13,2	11,1
Ressortissants de l'Union européenne	10,0	10,4	10,2
Étrangers hors Union européenne	28,3	37,0	31,4
Ensemble des étrangers	22,0	26,5	23,7
Total	10,2	13,8	11,8

Source : INSEE, enquête Emploi, 1998.

En ne retenant que les ordres de grandeur, inchangés depuis plusieurs années, il apparaît qu'un actif sur dix est au chômage lorsqu'il s'agit d'un Français ou d'un ressortissant de l'Union européenne, trois sur dix dans le cas des étrangers venant des autres pays et près de quatre sur dix (37 %) pour les éléments féminins. L'introduction de la variable « âge » ferait ressortir des taux plus élevés encore parmi les étrangers les plus jeunes mais les effectifs considérés sont faibles, ne dépassant pas quelques milliers.

Plusieurs facteurs, non limitatifs, peuvent expliquer cette plus grande vulnérabilité au chômage, apparue au début de la décennie précédente. La modernisation de l'appareil de production, la délocalisation de certaines fabrications ont entraîné la suppression de dizaines de milliers d'emplois, généralement peu qualifiés dans lesquels les immigrés étaient surreprésentés. La tertiarisation dont on a souligné l'ampleur, les transformations qu'a connues la population active étrangère ont eu pour effet de réduire la complémentarité traditionnelle des mains-d'œuvre nationale et étrangère. Par ailleurs, tout particulièrement dans le cas des femmes hors Union européenne, un lien existe entre le volume des flux d'entrée, ou de tentative d'entrée, sur le marché du travail et le niveau de la demande d'emploi.

DEUXIÈME PARTIE

LE STATUT DES ÉTRANGERS EN FRANCE

Chapitre I

LES DISPOSITIONS RELATIVES A L'ENTRÉE ET AU SÉJOUR

Le texte de base relatif aux conditions d'entrée et de séjour en France des étrangers est l'ordonnance n° 45-2658 du 2 novembre 1945. Celle-ci a été modifiée ou complétée par de nombreux textes ultérieurs, dont le plus récent est la loi n° 98-349 du 11 mai 1998, relative à l'entrée et au séjour des étrangers en France et au droit d'asile. Cette réglementation a fait l'objet d'une codification par le *Journal officiel* (brochure n° 1095). Elle est d'autant plus complexe qu'existent outre le régime de droit commun des régimes spécifiques à certaines nationalités.

I. — Le régime de droit commun

L'entrée en France est subordonnée au respect de dispositions particulières ; mais l'obligation de détenir une autorisation de séjour n'est exigée en principe que si le séjour se prolonge au-delà de trois mois.

1. **L'entrée en France.**

A) *Dispositions générales.* — L'article 5 de l'ordonnance du 2 novembre 1945 dispose que pour entrer sur notre territoire, tout étranger doit être muni : des documents et visas exigés par les conventions internationales et les règlements en vigueur ; des documents prévus par décret en Conseil d'État et relatifs, d'une part, à l'objet et aux conditions de son séjour et, d'autre part, s'il y a lieu, à ses moyens d'existence et aux garanties de son rapatriement ; des documents nécessaires à l'exercice d'une activité professionnelle s'il se propose d'en exercer une. Toutefois, un étranger n'est pas admis sur le territoire français si sa venue constitue une menace pour l'ordre public, ou s'il a fait l'objet antérieurement d'une interdiction de territoire ou d'un arrêté d'expulsion.

Le décret du 27 mai 1982, modifié en dernier lieu par le décret n° 98-502 du 23 juin 1998, précise la nature des documents exigibles (outre le passeport ou la carte d'identité) de tout étranger bénéficiaire d'une dispense de visa qui déclare vouloir effectuer en France un séjour inférieur à trois mois. Les étrangers dont le régime de circulation prévoit l'obligation d'un visa ont, au préalable, justifié les motifs de leur entrée sur le territoire français auprès du Consulat de France territorialement compétent pour leur lieu de résidence. Les documents exigés sont les suivants :

— *Pour un séjour touristique :* tout document de nature à établir l'objet et les conditions de séjour et notamment sa durée (réservation d'hôtel ou de logement de vacances, inscription à un circuit touristique ou à une manifestation culturelle, attestation d'assurances garantissant le voyageur contre les risques pouvant survenir pendant son séjour).

— *Pour un voyage professionnel :* tout document relatif à la profession ou à la qualité du voyageur ainsi qu'aux organismes ou établissements français par lesquels il est attendu (correspondances, invitations, convocations).

— *Pour une visite privée :* une attestation d'accueil signée par la personne qui se propose d'assurer le logement de l'étranger, conforme à un modèle défini par arrêté du ministre de l'Intérieur, et dont les mentions doivent être certifiées par l'autorité publique compétente du lieu de résidence du signataire (maire, commissaire de police ou commandant de gendarmerie).

Outre ces documents, des garanties de rapatriement sont nécessaires pour ces trois types de séjour de courte durée. Il s'agit d'un billet de retour ou d'une attestation bancaire qui garantit le rapatriement, afin de permettre à l'intéressé de faire face aux frais afférents à son retour dans son lieu de résidence habituelle. En cas de modification notable de son lieu de séjour principal en France et particulièrement s'il s'agit d'un déplacement entre la France et un département d'outre-mer, la garantie initialement prévue doit être modifiée si elle s'avère insuffisante. La loi prévoit des sanctions pénales (amende, emprisonnement) en cas de non-possession de garantie de rapatriement. Enfin, les visiteurs étrangers, qu'ils soient soumis ou non à l'obligation du visa, doivent pouvoir justifier qu'ils disposent de moyens d'existence leur permettant de faire face à leurs frais de séjour (espèces, chèques de voyage, etc.).

B) *Dispenses.* — Les étrangers suivants sont dispensés de présenter les documents justificatifs de voyage, c'est-à-dire les documents relatifs à l'objet et aux conditions de séjour ainsi que les garanties de rapatriement :

— ressortissants de l'Union européenne (UE) bénéficiaires des dispositions relatives à la liberté de circulation ;
— ressortissants de la Suisse en tant qu'État limitrophe ainsi que ceux des États adhérents à l'accord sur l'Espace économique européen (Islande, Liechtenstein et Norvège) ;
— conjoint venant rejoindre dans le cadre du regroupement familial le chef de famille régulièrement autorisé à résider sur le territoire français ;
— enfants mineurs venant rejoindre dans le cadre du regroupement familial leur père ou mère régulièrement autorisé(e) à résider sur le territoire français ;
— personnes qui peuvent rendre, par leurs capacités ou leurs talents, des services importants à la France ou qui se proposent d'y exercer des activités désintéressées (et auxquelles une dispense a été accordée par la commission prévue par le décret du 24 juillet 1980) ;
— personnes auxquelles une dispense a été accordée par les autorités consulaires françaises dans leur pays de résidence ;
— membres des missions diplomatiques et des postes consulaires et les membres de leur famille à charge venant de l'étranger pour prendre leurs fonctions en France ;
— membres des Assemblées parlementaires des États étrangers ;
— fonctionnaires, officiers et agents des services publics étrangers ou fonctionnaires d'une organisation intergouvernementale dont la France est membre, munis d'un ordre de mission ;
— membres des équipages des navires et des aéronefs effectuant des déplacements de service sous le couvert des documents prévus par les conventions internationales.

C) *Refus de l'admission en France.* — L'entrée sur le territoire français peut être refusée lorsque :

— l'authenticité ou la pertinence des documents présentés n'est pas établie ;
— la présence de l'étranger sur le territoire constitue une menace pour l'ordre public ;
— il fait l'objet d'une décision judiciaire d'interdiction du territoire, ou d'un arrêté d'expulsion.

La décision de non-admission est prise par la personne investie des pouvoirs de police ou de contrôle douanier au poste frontière. Cependant, en aucun cas l'étranger non admis en France ne peut être rapatrié contre son gré avant l'expiration d'un délai d'un jour franc, dès lors qu'il en fait la demande écrite et motivée. Il peut dans ce cas avertir la personne chez qui il se rend, son consulat ou un conseil de son choix. Sous certaines conditions, l'étranger non admis peut faire l'objet d'une mesure de maintien administratif, en application de l'article 35 *bis* de l'ordonnance de 1945 qui prévoit son maintien, en cas de nécessité, par décision écrite motivée du préfet dans des locaux ne relevant pas de l'administration pénitentiaire, pendant le temps strictement nécessaire à son départ, lorsqu'il n'est pas en mesure de déférer immédiatement à la décision lui refusant l'autorisation d'entrée sur le territoire français. Passé un délai de quarante-huit heures depuis la décision de maintien, le président du tribunal de grande instance ou un magistrat du siège désigné par lui est saisi du dossier et décide de la mesure de surveillance dont l'intéressé doit faire l'objet.

2. Les dispositions applicables au séjour.

A) *Dispositions générales.* — Tout étranger qui veut séjourner en France plus de trois mois doit être titulaire d'un titre de séjour, s'il est âgé d'au moins

18 ans ou de 16 ans s'il souhaite exercer une activité professionnelle. L'âge reste également fixé à 16 ans pour les travailleurs algériens. Les dispositions de la loi du 17 juillet 1984 qui ont pris effet le 7 décembre 1984 ont modifié les conditions de séjour en France des étrangers relevant du régime de droit commun en instituant un titre unique séjour/travail qui est soit la carte de séjour temporaire, soit la carte de résident. La demande de l'une ou l'autre carte doit être présentée à la préfecture de police à Paris, et dans les autres départements au commissariat de police ou, à défaut, à la mairie du lieu de résidence. Elle doit intervenir dans les deux mois suivant l'entrée en France. Si l'étranger séjournait déjà en France, il doit présenter sa demande, selon les cas, avant son dix-neuvième anniversaire s'il s'agit d'un jeune étranger qui peut prétendre à un titre de séjour de plein droit ; dans les deux mois qui suivent son dix-huitième anniversaire dans le cas contraire ; deux mois après la date à laquelle il a perdu la nationalité française ; dans les deux mois qui précèdent l'expiration du titre de séjour dont il est titulaire. Des délais spécifiques sont prévus dans quelques cas.

B) *La carte de séjour temporaire.* — Peuvent y prétendre, sous réserve de l'ordre public, les étrangers venus en France pour une durée limitée tels que les visiteurs, les étudiants ou des travailleurs temporaires autorisés à exercer une activité professionnelle. En outre, la carte de séjour temporaire portant la mention « vie privée et familiale » est délivrée de plein droit à douze catégories de personnes.

a) Les étrangers dont la carte porte la mention « visiteur » sont ceux qui apportent la preuve qu'ils peuvent vivre de leurs propres ressources, et qui s'engagent à n'exercer aucune activité professionnelle soumise à autorisation ; lorsque cette autorisation n'est pas exigée (par exemple pour les traducteurs et les architectes) l'exercice du métier est possible.

b) Les étudiants et stagiaires, dont la carte porte la mention « étudiant » doivent également justifier de moyens suffisants d'existence et fournir un certificat d'inscription ou de préinscription dans un établissement d'enseignement ou de formation professionnelle public ou privé fonctionnant dans des conditions conformes aux dispositions législatives et réglementaires en vigueur.

c) Les travailleurs salariés temporaires bénéficient d'une carte portant la mention « salarié » ainsi que l'indication de l'activité et des zones de travail autorisées, et qui constitue un titre unique de séjour et de travail. Les cartes délivrées aux scientifiques et aux artistes-interprètes font l'objet d'une mention spécifique.

Les travailleurs non salariés (commerçants, artisans, industriels, exploitants agricoles) doivent détenir, outre la carte de séjour temporaire, un document (carte de commerçant, etc.) les autorisant à exercer leur activité professionnelle.

d) La carte portant la mention « vie privée et familiale » est notamment délivrée de plein droit :

— aux jeunes étrangers qui justifient avoir leur résidence habituelle en France depuis qu'ils ont atteint au plus l'âge de 10 ans ;
— aux conjoints de Français dès la célébration du mariage ;
— à l'étranger père ou mère d'un enfant français mineur résidant en France ;
— aux bénéficiaires de l'asile territorial ;
— aux étrangers résidant habituellement en France dont l'état de santé nécessite une prise en charge médicale inexistante dans leur pays d'origine.

La carte de séjour temporaire a une durée variable qui ne peut excéder un an. Elle est renouvelable sans limite mais ce renouvellement est subordonné aux mêmes conditions que sa première délivrance. Lorsqu'elle porte la mention « vie privée et familiale », elle permet l'obtention d'une carte de résident après cinq années de résidence régulière ininterrompue.

C) *La carte de résident* d'une durée de validité de dix ans, renouvelable de plein droit, est un titre unique de séjour et de travail qui peut être délivré aux étrangers qui résident régulièrement en France depuis au moins trois ans. L'étranger titulaire d'une carte de séjour temporaire doit la demander dans le courant des 3e et 2e mois qui précèdent l'expiration de son titre. Il doit justifier d'une résidence en France régulière et non interrompue d'au moins trois ans (à l'exception des absences de courtes durées telles que les congés et vacances). Il doit disposer de moyens d'existence stables et suffisants et, s'il est salarié, présenter un contrat ou une promesse de contrat de travail. Il peut être tenu compte également de l'intention de s'établir durablement en France, par l'achat d'un appartement ou la scolarisation en France des enfants. Depuis 1998, les retraités pensionnés d'un régime français de sécurité sociale et établis hors de France, peuvent bénéficier également d'une carte de séjour de dix ans qui porte la mention « retraité » et qui permet des séjours n'excédant pas un an.

Par ailleurs, la carte de résident est accordée de plein droit, sous réserve des justifications prévues par les textes, de l'ordre public et de la régularité du séjour aux personnes suivantes :

1° le conjoint étranger d'un ressortissant de nationalité française marié depuis au moins un an ;
2° l'enfant étranger d'un ressortissant de nationalité française si cet enfant a moins de 21 ans ou s'il est à la charge de ses parents ainsi que les ascendants d'un tel ressortissant et de son conjoint qui sont à sa charge ;
3° l'étranger qui est père ou mère d'un enfant français résidant en France à la condition qu'il exerce même partielle-

ment l'autorité parentale à l'égard de cet enfant ou qu'il subvienne effectivement à ses besoins ;

4° l'étranger titulaire d'une rente d'accident du travail ou de maladie professionnelle servie par un organisme français et dont le taux d'incapacité permanente est égal ou supérieur à 20 %, ainsi que les ayants droit d'un étranger, bénéficiaires d'une rente de décès pour accident du travail ou maladie professionnelle versée par un organisme français ;

5° le conjoint et les enfants mineurs de 18 ans ou qui sont dans l'année qui suit leur dix-huitième anniversaire d'un étranger titulaire de la carte de résident qui sont autorisés à séjourner en France au titre du regroupement familial ;

6° l'étranger qui a servi dans une unité combattante de l'armée française ;

7° l'étranger qui a combattu dans les rangs des forces françaises de l'intérieur, sous certaines conditions ;

8° l'étranger qui a servi en France dans une unité combattante d'une armée alliée ;

9° l'étranger ayant servi dans la Légion étrangère ;

10° l'étranger qui a obtenu le statut de réfugié ainsi que son conjoint et ses enfants mineurs, lorsque le mariage est antérieur à la date de cette obtention, ou lorsqu'il a été célébré depuis au moins un an ;

11° l'apatride justifiant de trois années de résidence en France ainsi que son conjoint et ses enfants mineurs ;

12° l'étranger qui est en situation régulière depuis plus de dix ans, sauf s'il a été, pendant toute cette période, titulaire d'une carte de séjour temporaire portant la mention étudiant ;

13° l'étranger titulaire d'une carte de séjour temporaire délivrée de plein droit qui se trouve dans l'une des situations sus-visées ou qui justifie de cinq années de résidence régulière ininterrompue en France.

D) *La commission du titre de séjour.* — L'article 12 *quater* de l'ordonnance de 1945 a institué dans chaque département une commission du titre de séjour qui est obligatoirement consultée par le préfet lorsque celui-ci envisage de refuser la délivrance d'une carte de séjour temporaire ou d'une carte de résident à un étranger qui peut y prétendre de plein droit.

II. — Les régimes spéciaux

A) *Ressortissants de l'Union européenne et de l'Espace économique européen.* — Les étrangers ressortissants d'un État membre appartenant à l'une ou l'autre de ces zones (dix-huit pays dont la France pour l'EEE, parmi lesquels quinze forment l'UE) entrent et circulent librement sur simple présentation d'une carte d'identité ou d'un passeport en cours de validité.

Ils bénéficient également d'un droit à séjourner sur le territoire d'un autre État membre que le leur, ce droit ayant été étendu, depuis les décrets du 11 mars 1994 et du 27 avril 1995, à la quasi-totalité des ressortissants quel que soit leur motif d'établissement (exercice d'une activité salariée ou non, études, retraite, etc.). Dès que le séjour dépasse trois mois, il leur est délivré une carte de séjour d'un modèle uniforme, dénommée selon le cas « carte de séjour de ressortissant d'un État membre de l'Union européenne », ou « carte de séjour de ressortissant d'un État partie à l'Espace économique européen ». Seules diffèrent les mentions apposées sur cette carte qui varient selon le texte communautaire en vertu duquel elle est délivrée.

La loi du 11 mai 1998 a porté à dix ans la durée de validité de la première carte de séjour accordée aux ressortissants de l'UE et de l'EEE qui exercent en France une activité économique salariée ou indépendante, ainsi qu'aux membres de leur famille. A compter du premier renouvellement et sous réserve de réciprocité, la durée est permanente. Pour les autres catégories, subsistent les cartes de séjour de cinq ans (certains non actifs) et d'un an (étudiants), renouvelables. Notons enfin que l'article 48 du traité de Rome prévoit pour tout ressortissant d'un État membre de l'UE employé sur le territoire d'un autre État membre le droit de demeurer dans ce pays après y avoir occupé un emploi ; ce droit permet sous certaines conditions aux travailleurs salariés et non salariés ressortissants d'un État membre de l'UE et aux membres de leur famille vivant avec eux, de maintenir leur résidence ou de revenir pendant un délai de deux ans dans le pays où le travailleur avait son emploi au moment où il a cessé d'exercer son activité professionnelle.

B) *Algériens.* — La situation des Algériens en France est déterminée par l'accord franco-algérien du 27 décembre 1968, complété par deux avenants du 22 décembre 1985 et des 27 et 28 avril 1994. Les ressortissants algériens qui séjournent en France sont classés en deux catégories : ceux qui bénéficient d'un certificat de résidence de dix ans, et ceux qui, venus en France à titre temporaire ou ne remplissant pas les conditions pour obtenir le certificat de résidence de dix ans, sont titulaires d'un certificat de résidence d'un an, renouvelable (notamment étudiants, stagiaires). Pour obtenir le certificat de résidence de dix ans, le ressortissant algérien titulaire d'un certificat de résidence d'un an doit satisfaire à des conditions de résidence (justifier d'une résidence en France, régulière, effective et non interrompue de trois années), de moyens d'existence (il doit disposer de ressources suffisantes et stables), d'ordre public. Dans certains cas, liés soit à une situation personnelle de l'intéressé (conjoint, enfant ou ascendant de Français, regroupé familial, etc.), soit à une longue durée de séjour, le certificat de dix ans est délivré de plein droit.

C) *Tunisiens.* — L'accord franco-tunisien du 17 mars 1988 modifié par l'avenant du 19 décembre 1991 aménage les conditions de délivrance de plein droit de la carte de résident pour les ressortissants majeurs de cette nationalité, et de la carte de séjour temporaire pour les mineurs.

D) *Andorrans et Monégasques.* — Les Andorrans n'ont pas le statut d'étrangers au regard du droit français. Ils doivent simplement posséder une « carte d'identité d'Andorran » pour séjourner en France, carte qu'ils peuvent éventuellement demander à leur arrivée en France. Les Monégasques peuvent séjourner en France sous couvert de leur passeport revêtu par le consul général de France à Monaco de la mention suivante : « Le titulaire du présent passeport est dispensé de la carte d'identité des étrangers et peut exercer en France toute profession sans aucune formalité. »

Chapitre II

LES DISPOSITIONS RELATIVES A L'EMPLOI DES ÉTRANGERS

I. — Les dispositions générales relatives aux emplois permanents

Les étrangers qui exercent une activité salariée en France doivent obtenir deux autorisations distinctes, l'une relative au séjour, et l'autre au travail. La loi n° 84-622 du 17 juillet 1984 a institué un titre unique de séjour et de travail. Dorénavant, l'étranger qui exerce une activité salariée en France doit être titulaire soit d'une carte de résident valable dix ans, renouvelable de plein droit, qui permet à son titulaire d'exercer la profession de son choix, soit d'une carte de séjour temporaire portant la mention « salarié », valable un an, renouvelable, qui mentionne les activités professionnelles autorisées et leur lieu d'exercice, soit encore, depuis 1998, la carte de séjour temporaire « vie privée et familiale » qui vaut autorisation de travail.

1. **La décision relative à l'autorisation de travail.** — L'article R 341-1 du Code du travail tel qu'il a été modifié par le décret du 4 décembre 1984 dispose que la décision d'accorder ou de refuser un titre unique de séjour et de travail est prise par le préfet. Celui-ci prend cette décision respectivement en tant que représentant du ministre de l'Intérieur d'une

part, du ministre chargé du Travail, d'autre part. Il en résulte que toute demande de carte de séjour temporaire portant la mention « salarié », que ce soit en première délivrance, ou en renouvellement, et toute demande de carte de résident, en première délivrance doivent d'abord être instruites et faire l'objet d'une décision en tant qu'elles constituent des demandes de titre de travail, sauf en cas de délivrance de plein droit.

L'article R 341-4 du Code du travail dispose que pour accorder ou refuser l'autorisation de travail sollicitée, le préfet du département où réside l'étranger prend en considération la situation de l'emploi, présente et à venir, dans la profession demandée par le travailleur et dans la zone géographique où il compte exercer sa profession, ainsi que les conditions d'application par l'employeur de la réglementation du travail, et en particulier des règles relatives à l'emploi des étrangers.

En outre, les conditions d'emploi et de rémunération offertes aux travailleurs étrangers doivent être identiques à celles dont bénéficient les travailleurs français. Il en résulte que l'emploi doit être *réel, permanent,* qu'il doit permettre de *subvenir aux besoins* du travailleur et être *convenablement rémunéré.*

Il doit en conséquence être à durée indéterminée, sauf si les conditions d'emploi dans la branche professionnelle s'y opposent (par exemple, les professions artistiques), ce qui interdit l'introduction ou la régularisation en qualité de salarié temporaire au sens du Code du travail. Cet emploi peut être à temps plein ou à temps partiel, mais le revenu mensuel procuré doit être égal ou supérieur au SMIC, le salaire devant être conforme à celui réellement pratiqué dans la profession.

L'article R 341-4 du Code du travail cite enfin, parmi les éléments d'appréciation à prendre en considération, les dispositions prises par le futur employeur pour loger le travailleur qui sollicite une autorisation de travail.

En cas de refus de l'autorisation de travail, la loi n° 79-587 du 11 juillet 1979 fait obligation à l'administration de motiver ses décisions individuelles défavorables par écrit et en énonçant les considérations de droit et de fait qui constituent le fondement de la décision.

Une décision implicite de rejet résultant du silence gardé par l'administration pendant quatre mois, doit également, à la demande de l'intéressé formulée dans le délai de recours contentieux (deux mois à compter de la date d'expiration de ces quatre mois), être motivée dans le mois qui suit la demande. Dans ce cas, le délai de recours contentieux formulé contre la décision est prorogé jusqu'à ce qu'un délai de deux mois se soit écoulé après la date où les motifs ont été communiqués.

La motivation doit notamment constater que l'étranger ne remplit pas les conditions pour obtenir un titre de plein droit ou pour bénéficier de la non-opposabilité de l'emploi, préciser le critère, tiré de l'article R 341-4 qui a été opposé à la demande, et les considérations de fait qui ont conduit à son application, enfin rappeler l'impossibilité, pour l'étranger, d'exercer une activité salariée à défaut de titre de travail.

Du fait de l'unicité des titres de travail et de séjour, les étrangers qui reçoivent de plein droit la carte de résident (cf. *supra*) bénéficient de plein droit d'une autorisation de travail. Il en est de même des titulaires d'une carte de séjour temporaire « vie privée et familiale ».

2. **Les procédures de délivrance des titres uniques.** — Il existe deux procédures de délivrance des titres : la

procédure dite d'introduction, et celle dite de régularisation.

A) *La procédure d'introduction.* — C'est celle que doit utiliser un employeur qui souhaite faire appel à un travailleur étranger permanent qui réside à l'étranger, soit nominativement si l'employeur le connaît déjà, soit anonymement dans le cas contraire. Pratiquement, seule la procédure d'introduction nominative est actuellement utilisée encore que fort peu puisque, depuis 1975, le nombre moyen d'introductions est de l'ordre de 2 000 par an.

L'employeur doit en premier lieu s'adresser à l'ANPE qui a la possibilité de lui présenter des demandeurs d'emploi français ou étrangers en situation régulière. L'Agence transmet aussitôt le dossier à la Direction départementale du travail et de l'emploi (DDTE) en y joignant le cas échéant un avis motivé sur les possibilités de compensation. L'employeur adresse une demande écrite d'introduction à la DDTE en explicitant ses motifs et en s'engageant à verser à l'Office des migrations internationales (OMI) la redevance correspondant aux frais d'introduction et la contribution forfaitaire. La DDTE procède à un examen, cas par cas, des demandes et, le plus souvent, l'opposabilité de la situation de l'emploi la conduit à un refus de visa. L'employeur en est informé par une lettre motivée. Lorsque la demande lui paraît susceptible de recevoir une suite favorable, la DDTE porte sur le contrat l'indication des activités professionnelles autorisées et des zones géographiques où l'exercice de ces activités est permis. Lorsque le contrat est visé, le dossier est adressé par la DDTE à l'OMI pour mise en œuvre de la procédure d'introduction, qui diffère selon que l'OMI possède ou non une délégation dans le pays d'où est originaire le travailleur. Dans le premier cas, la délégation s'occupe des formalités d'immigration (visite médicale, obtention du passeport, acheminement), dans le second, elles sont remplies par le Service central de l'Office à Paris en liaison avec le consultat de France compétent.

A réception de l'avis d'introduction adressé par l'OMI, la DDTE avise les services préfectoraux compétents pour le séjour de la décision relative à l'activité professionnelle autorisée et à la zone géographique d'exercice, afin que soit délivrée une carte de séjour temporaire « salarié ». L'OMI adresse à l'employeur un avis de paiement du montant de la redevance, qui est forfaitaire et individuelle et ne peut en aucun cas être mise à la charge du travailleur.

B) *La procédure de régularisation.* — La procédure de régularisation est une procédure exceptionnelle qui permet à un étranger d'obtenir, pour la première fois, une autorisation de travail permanente, alors qu'il réside déjà sur le territoire français, après y être entré sans être muni du contrat visé que prévoit la voie normale de l'introduction. Au plan statistique, on constate qu'en fait les régularisations représentent constamment entre 60 et 80 % des « entrées » annuelles de nouveaux travailleurs permanents. Cette procédure est à l'initiative de l'étranger (et non de l'employeur) qui doit s'adresser au « guichet unique » compétent à raison de sa résidence : mairie ou commissariat et, à Paris, centres de réception des étrangers. L'administration lui délivre alors un récépissé sous la forme d'une autorisation provisoire de séjour d'une durée de trois mois (APS).

L'article 13 de l'ordonnance de 1945 modifiée permet d'opposer un refus d'autorisation de séjour à l'étranger qui sollicite une carte de séjour temporaire sans pouvoir produire un visa de séjour d'une durée supérieure à trois mois, lorsque du fait de sa nationalité il est soumis à cette obligation. Dans le cas où il n'est pas fait usage de cet article pour s'opposer au séjour, la demande d'autorisation de travail est transmise à la DDTE pour décision. Si la demande est rejetée, le requérant en est informé par lettre motivée du préfet, de même que l'employeur qui a souscrit le contrat et qui est averti des sanctions encourues s'il employait le travailleur en situation irrégulière. Si la demande est acceptée, le contrat de travail visé, indiquant la ou les activités professionnelles autorisées et la ou les zones géographiques d'exercice de l'activité, est adressé au centre régional de l'OMI compétent, accompagné de l'engagement de versement de la redevance correspondante. La DDTE informe les services préfectoraux de son acceptation afin que la carte de séjour temporaire « salarié » puisse être ultérieurement délivrée. L'OMI convoque le travailleur pour la visite médicale obligatoire. S'il est jugé apte, il signe et reçoit son contrat ; l'OMI informe la DDTE et la préfecture qui établit et délivre au travailleur une carte de séjour temporaire « salarié » valable un an et portant les limitations géographiques et professionnelles précisées sur le contrat. Dans le cas contraire, l'OMI informe la DDTE et la préfecture.

C) *La situation particulière des jeunes étrangers.* — Un jeune étranger peut être né en France, venu en France avec ses parents, ou venu les rejoindre. Dans les deux derniers cas, il doit avoir subi un contrôle médical auprès des services de l'OMI, soit dans son pays d'origine s'il utilise la procédure du regroupement familial, soit exceptionnellement en France s'il est entré en qualité de touriste. Avant 18 ans, le jeune étranger n'est pas astreint à détenir un titre de séjour ; à partir de cet âge, il doit détenir un titre de séjour qu'il demande au « guichet unique » dans un délai de trois mois à compter de son dix-huitième anniversaire. S'il désire travailler, il doit, avant comme après 18 ans, demander et obtenir un titre de travail. Mais l'autorisation d'exercer une activité professionnelle sera de droit s'il peut prétendre à une carte de séjour temporaire « vie privée et familiale » ou à une carte de résident de plein droit.

D) *La procédure de renouvellement des titres.* — L'étranger qui souhaite le renouvellement d'une carte de séjour temporaire portant la mention « salarié » en fait la demande auprès du guichet unique compétent pour son lieu de résidence au cours du troisième ou du deuxième mois précédant la date d'expiration de sa carte, en l'accompagnant d'un contrat ou d'une promesse de contrat de travail. La demande est instruite par la DDTE dont l'examen porte sur la réalité de l'emploi occupé. En cas de doute, la production des derniers bulletins de salaire est demandée. Si le requérant dispose d'un emploi, bien qu'un refus puisse être opposé dans les conditions prévues à l'article R 341-4 du Code du travail, le renouvellement est généralement accepté et donne lieu à la délivrance d'une nouvelle carte temporaire « salarié » valable un an.

Lorsque l'étranger justifie d'une résidence régulière et ininterrompue d'au moins trois ans en France, il peut bénéficier d'une carte de résident. S'il est salarié titulaire d'une carte de séjour portant la mention « salarié », il doit justifier d'un contrat de travail et d'une activité professionnelle effective. Si le titulaire d'une carte de séjour temporaire portant une autre mention que « salarié » demande une carte de résident en se proposant d'exercer une activité salariée, il s'agit alors de la procédure de régularisation et non de renouvellement, car dans ce cas il y a changement de statut. Il devrait cependant en être autrement pour les détenteurs de la nouvelle carte « vie privée et familiale ».

II. — Les dispositions particulières

De nombreux étrangers bénéficient de dispositions particulières plus favorables que celles de droit commun, soit en application de conventions internationales ou bilatérales, soit en raison d'événements particuliers, soit du fait de la nature de l'activité qu'ils exercent. En outre, une réglementation spécifique est appliquée dans les départements d'outre-mer.

A) *Les conventions internationales.*

Les ressortissants de l'Union européenne (UE) et de l'Espace économique européen (EEE) peuvent exercer librement, sans autorisation de travail, toute activité salariée sur l'ensemble du territoire y compris dans les départements d'outre-mer. L'emploi peut être occupé avant qu'aient été effectuées les formalités relatives à la délivrance du titre de séjour obligatoire au-delà de trois mois. L'employeur est simplement tenu de remplir une déclaration d'engagement, appelée déclaration d'emploi dans le cas des salariés détachés, qui indique la durée prévue de l'emploi. Ces ressortissants peuvent recourir dès leur arrivée en France aux services de l'ANPE et y être inscrits comme demandeurs d'emploi. Les commerçants, industriels et artisans bénéficient du droit d'établissement et ne sont pas tenus à la possession de l'autorisation d'exercer une activité professionnelle réglementée, normalement exigée des étrangers. De même, les agriculteurs et sylviculteurs ne sont pas tenus à la possession de l'autorisation administrative d'exploiter. En résumé, la possession de la carte de séjour spécifique mentionnée au chapitre précédent suffit pour que les ressortissants de l'UE et de l'EEE exercent toute profession salariée ou indépendante.

Les Algériens bénéficient des dispositions de l'accord franco-algérien du 27 décembre 1968 modifié par les avenants du 22 décembre 1985 et du 28 avril 1994 qui rapprochent sensiblement leur statut du régime général tout en maintenant certaines spécificités : 1° l'autorisation de travail est matérialisée par la mention « salarié » apposée sur le certificat de résidence d'un an (et non sur une carte de séjour temporaire) ou par la possession d'un certificat de résidence de dix ans (et non d'une carte de résident) ; 2° l'autorisation de travail ne peut comporter de limitation de validité géographique ou professionnelle. Notons enfin que les Algériens qui exercent une activité commerciale, artisanale ou industrielle continuent à bénéficier de la liberté d'établissement, et sont, en conséquence, dispensés de la carte de commerçant.

Les Andorrans et les Monégasques ne sont pas tenus d'être munis d'une autorisation de travail. Ils ont accès librement à l'ensemble des services de l'ANPE.

Les Togolais bénéficient des dispositions de conventions bilatérales de circulation ou d'établissement aux termes desquelles la situation de l'emploi en France ne leur est pas opposable. Leur dossier d'introduction est déposé par l'employeur directement à la Direction départementale du travail du lieu d'emploi qui, après visa, le transmet à l'OMI pour mise en œuvre de la procédure consulaire d'introduction. A son arrivée en France, le Togolais se voit délivrer sa carte de séjour temporaire, qui peut porter la mention « salarié », non obligatoire. Avec sa carte de séjour et son contrat de travail régulièrement visé, le travailleur est en règle et peut occuper son emploi sans autre formalité. La procédure de régularisation est mise en œuvre selon les mêmes principes, la DDTE se contentant d'apposer son visa sur le contrat de travail. Les ressortissants togolais ont accès à l'ensemble des services de l'ANPE et peuvent bénéficier des stages de formation professionnelle dans les mêmes conditions que les Français, dès lors qu'ils sont titulaires d'une carte de séjour.

Les frontaliers enfin sont soumis à un régime spécifique. Les Suisses doivent posséder une autorisation de travail et une carte frontalière, ou un passeport, ou une carte d'identité en cours de validité délivrés par les autorités suisses. L'autorisation de travail est délivrée ou renouvelée pour une durée de six à douze mois pendant les deux premières années, pour un an ensuite. Le renouvellement est en principe automatique lorsque le travailleur justifie de dix ans d'activité salariée. Les ressortissants de l'UE ont été dispensés de la détention d'un titre par le décret n° 98-864 du 23 septembre 1998.

B) *Les dérogations liées à des événements spécifiques.* — En raison des événements survenus dans certains pays, le gouvernement français a décidé de faciliter à leurs ressortissants l'admission, tant au séjour qu'au travail, en France. Il s'agit des Vietnamiens, des Laotiens, des Cambodgiens et des Libanais qui, même quand ils n'ont pas sollicité la qualité de réfugié auprès de l'OFPRA, bénéficient de la non-opposabilité de la situation de l'emploi, la contribution forfaitaire due par l'employeur étant minorée. Les Cambodgiens, Vietnamiens et Laotiens peuvent bénéficier de l'aide de l'ANPE dans la recherche d'un emploi. S'ils demeurent soumis à l'obligation d'obtenir, avant d'exercer une activité professionnelle salariée, une autorisation de travail, celle-ci leur est délivrée dans des conditions libérales : les intéressés reçoivent, sur présentation d'un titre provisoire de séjour, une autorisation provisoire de travail valable trois mois pour l'ensemble du territoire qui leur permet de travailler dès qu'un emploi est trouvé, leur situation étant régularisée par l'attribution de la carte de séjour temporaire « salarié ». De même, les Libanais ont accès aux services de l'ANPE et leur situation peut être régularisée, dès qu'ils ont trouvé un emploi, quelles que soient leur date d'entrée en France et leur situation au regard du séjour, par la délivrance d'une carte de séjour temporaire « salarié » valable un an et renouvelable.

C) *Les régimes spéciaux liés à la nature de l'emploi.*

a) Dispense de titre de travail. Certains étrangers sont, du fait de l'activité qu'ils occupent en France, dispensés de la possession d'un titre de travail. Il s'agit : des agents diplomatiques et consulaires et de leurs employés, des personnels des organisations internationales, des ministres du culte étrangers qui consacrent leurs activités exclusivement à des fins religieuses, des étrangers qui apportent une aide dans l'exploitation du commerce tenu par le conjoint, des correspondants de presse et d'agences d'information, des employés de compagnie de transport en transit, des marins et bateliers en transit.

b) Professions réglementées. L'exercice par des étrangers de certaines professions dites « réglementées » fait l'objet de dispositions spécifiques qui s'ajoutent aux règles de droit commun. Ces dispositions sont liées soit à la nationalité des étrangers, soit à des exigences particulières tenant aux diplômes et au statut de l'emploi. L'accès des étrangers à ces professions est souvent soumis à la consultation préalable des organismes habilités à vérifier qu'ils remplissent les conditions requises pour leur exercice. Pour connaître le détail de ces réglementations, le lecteur se référera utilement à l'*Omiclasseur* publié par l'Office des migrations internationales. Nous nous contenterons d'indiquer ici les professions et travailleurs auxquels elles s'appliquent. Il s'agit : de la fonction publique et en particulier des enseignants, des professions médicales et paramédicales, des pharmaciens, des professions sociales, des journalistes, architectes, comptables et démarcheurs financiers, des sportifs professionnels, des maîtres étrangers enseignant leur langue d'origine aux enfants immigrés, des marins-pêcheurs étrangers exerçant sur des bateaux français et des exploitants agricoles.

D) *L'emploi des étrangers dans les DOM.* — La législation métropolitaine relative à la main-d'œuvre étrangère a été étendue aux DOM. La seule particularité concerne la carte de résident qui, lorsqu'elle a été délivrée dans un département d'outre-mer, ne permet l'exercice d'une activité professionnelle que sur le territoire de ce département.

III. — Les dispositions relatives aux emplois non permanents

Les dispositions décrites ci-dessous intéressent les étrangers soumis au régime général. Ceux qui relèvent d'un régime spécial, et tout particulièrement les ressortissants de l'UE et de l'EEE, jouissent de conditions plus favorables, soit qu'ils n'aient pas à solliciter de titre de travail, soit que la délivrance de celui-ci intervienne plus aisément. Pour plus de détails, on se référera utilement à l'*Omiclasseur*.

A) *Cas général.* — Les travailleurs salariés qui exercent leur activité en France pour une durée limitée peuvent bénéficier d'un titre de séjour temporaire et d'une autorisation provisoire de travail (ATP), d'une durée maximale portée de six à neuf mois en 1991 et renouvelable. Sont concernées des catégories d'actifs extrêmement diverses : des cadres supérieurs détachés en France par leur entreprise, des chercheurs généralement de haut niveau, des enseignants dans les établissements d'enseignement supérieur et du second degré, des monteurs venant procéder au montage d'un appareil de production importé ou à la mise en route de nouvelles fabrications à la suite de l'achat de brevets étrangers mais aussi des artistes, musiciens et techniciens du spectacle et du cinéma, des mannequins, des interprètes de conférence, etc. La situation de l'emploi est, selon les cas, opposable ou non.

D'année en année, ce flux majoritairement constitué d'étrangers possédant un niveau de qualification élevé est devenu numériquement aussi important, sinon plus, que celui des salariés permanents.

B) *Les stagiaires étrangers.* — Un stagiaire professionnel est un étranger qui vient en France pour une période de courte durée, occuper un emploi rémunéré, à des fins de formation ou de perfectionnement professionnel. La procédure d'introduction est identique à celle du droit commun. Le stagiaire bénéficie d'un titre de séjour temporaire et d'une autorisation provisoire de travail (APT) pour la durée du stage, renouvelable une fois et, à titre exceptionnel, deux fois. La situation de l'emploi n'est pas opposable aux stagiaires professionnels mais ils ne peuvent, sauf situation particulière, devenir travailleurs permanents. Certains stagiaires font l'objet de dispositions particulières : stagiaires relevant d'accords de stages, stagiaires aides-familiaux et stagiaires d'information. Ces derniers, dont la présence dans l'entreprise a pour objet une simple information, n'ont pas à posséder d'autorisation de travail. Au contraire, les étudiants qui doivent accomplir dans le cadre de leurs études un stage professionnel dans une entreprise reçoivent de la DDTE, sans que la situation de l'emploi leur soit opposable, une APT valable six ou neuf mois selon la durée du stage.

C) *Les étudiants.* — Les étudiants et leur conjoint peuvent exercer, sous certaines conditions, une activité salariée au cours de leurs études. Si celle-ci est à temps partiel, la situation de l'emploi n'est pas prise en considération par la DDTE qui délivre une APT valable six ou neuf mois et renouvelable si l'étudiant peut justifier de sa situation universitaire. Si l'activité est à temps plein, l'APT n'est accordée que si la situation de l'emploi ne s'y oppose pas. Des dispositions particulières sont applicables aux étudiants en médecine et aux médecins étrangers en milieu hospitalier, ainsi qu'aux élèves et aux étudiants qui désirent travailler pendant les vacances scolaires et universitaires, et auxquels une APT n'est délivrée que si la situation de l'emploi le permet.

D) *Les travailleurs saisonniers.* — Le recours à des saisonniers étrangers est possible lorsque le marché national de l'emploi ne peut procurer la main-d'œuvre française, ou étrangère en situation régulière susceptible d'exécuter les travaux en cause, pratiquement tous de nature agricole. En cas de doute à ce sujet, les DDTE doivent, avant de viser le ou les contrats, faire procéder à une enquête par les services d'inspection départementaux de travail. Une circulaire du 13 avril 1984 prise en application du décret du 8 mars 1984 a réduit les possibilités d'emploi de cette main-d'œuvre : un même employeur ne peut dorénavant souscrire de contrats saisonniers que si l'ensemble de ces contrats s'inscrit dans une période, éventuellement discontinue, de six mois maximum sur douze mois consécutifs (au lieu de huit précédemment) et réciproquement, un travailleur étranger ne peut bénéficier d'un ou de plusieurs contrats saisonniers dont la durée totale excède six mois sur douze consécutifs. Cette durée peut être portée à huit mois pour certaines activités : cultures maraîchères intensives, arboriculture fruitière, exploitation de coupes de bois en altitude. Des conditions particulières sont imposées aux ressortissants tunisiens et marocains : limitation du nombre de travailleurs introduits, durée minimum des contrats (quatre mois). En outre, les saisonniers étrangers doivent signer un document par lequel ils s'engagent à regagner leur pays à l'expiration de leur contrat. La procédure d'introduction est identique à celle applicable aux travailleurs permanents. Le contrat visé par la DDTE vaut autorisation de travail. Pour une durée d'emploi supérieure à trois mois, le travailleur doit solliciter des services préfectoraux une carte de séjour temporaire qui fait référence au contrat. Indiquons pour mémoire que l'emploi de travailleurs saisonniers implique des dispositions spécifiques pour l'imposition des revenus en France, le transfert des salaires à l'étranger, les assurances sociales, les prestations familiales et les congés payés.

Chapitre III

LE REGROUPEMENT FAMILIAL

I. — Un problème complexe

1. Une exigence contradictoire aux réponses fluctuantes.

A) Il résulte des principes généraux du droit et, notamment, du Préambule de la Constitution du 27 octobre 1946 auquel se réfère la Constitution du 4 octobre 1958 que les étrangers résidant régulièrement en France ont, comme les nationaux, le droit de mener une vie familiale normale. Ce droit comporte, en particulier, la faculté pour ces étrangers, de faire venir auprès d'eux leur conjoint et leurs enfants mineurs. Il constitue en outre un facteur de meilleure insertion dès lors que les étrangers présents dans notre pays y resteront dans leur majorité d'une façon durable. Cependant, les gouvernements successifs ont parfois hésité à reconnaître ce droit aux étrangers, ou en ont limité l'exercice, car il va à l'encontre d'une politique de limitation de l'immigration. Comme on l'a indiqué au chapitre II, la venue des familles est en effet la principale cause du maintien d'un flux migratoire important vers la France, que cette venue se produise, à parts à peu près égales, par la voie du regroupement familial au sens strict, ou selon la procédure réservée aux membres de famille de Français.

En outre, cette immigration pèse sur la vie sociale et économique française : sociale dans la mesure où elle concerne principalement les nationalités qui rencontrent le plus de difficultés pour s'insérer dans la société française : Maghrébins, Turcs ; économique dès lors que les membres de la famille rejoignante ont accès au marché du travail.

B) Les dispositions qui ont été prises par le gouvernement au cours des vingt-cinq dernières années reflètent, par leurs fluctuations, ces exigences contradictoires. Après avoir été suspendu le 3 juillet 1974, le regroupement familial est de nouveau autorisé à compter du 1er juillet 1975. La situation est normalisée par un décret du 29 avril et une circulaire du 9 juillet 1976. Le régime institué est relativement libéral, encore que la circulaire interdise aux étrangers de ne se faire rejoindre que par une partie de leur famille. Mais dès 1977, un décret du mois de novembre restreignait l'immigration familiale dans des conditions qui lui valaient d'être annulé par le Conseil d'État en décembre 1978.

2. **Les choix de 1984 à 1993.**

A) Pour sa part, le gouvernement nommé en 1981 a longtemps hésité sur les mesures à prendre. Alors que dans l'ensemble la politique suivie en matière d'immigration entraînait des réformes importantes des conditions d'entrée, de séjour et d'emploi des étrangers, les pouvoirs publics maintenaient en matière de regroupement familial les dispositions du décret du 29 avril 1976, une circulaire n° 81-50 du 10 juillet 1981 se contentant d'en assouplir l'application, notamment en supprimant l'obligation de regrouper l'ensemble de la famille. C'est qu'en effet, si le gouvernement réaffirmait au cours des Conseils des ministres des 31 août 1983 et 10 octobre 1984 sa volonté de garantir l'exercice du droit au regroupement familial, il n'en était pas moins conscient des risques sociaux que fait courir une immigration mal maîtrisée : la procédure de l'admission au séjour (régularisation) qui, depuis quelques années, se substituait à la procédure d'introduction par l'OMI, ne donnait pas des garanties d'insertion suffisantes, les conditions de ressources et de logement étant souvent appréciées de manière très souple. Deux nombres en témoignent : en 1984, plus des deux tiers des familles étaient admises au séjour (67,5 %), moins d'un tiers introduites (32,5 %).

En outre, il était patent que de nombreuses familles vivaient en France clandestinement dans l'attente d'une hypothétique régularisation, compromettant ainsi leurs possibilités d'intégration et suscitant de la part des collectivités locales d'accueil des réactions de plus en plus évidentes de rejet.

B) Les dispositions arrêtées par le gouvernement en décembre 1984 (décret n° 84-1080 du 4 décembre 1984 et circulaire conjointe des ministères de l'Intérieur et des Affaires sociales du 4 janvier 1985) se veulent cohérentes par rapport à ces diverses contraintes : le droit au regroupement familial y est réaffirmé clairement, mais le bénéfice en est subordonné à une décision préalable à l'entrée en France des membres de la famille qui dorénavant se fait essentiellement par la voie de l'introduction par l'OMI. L'admission au séjour de familles séjournant en France, sans être totalement supprimée, reste comprise dans des proportions allant de 10 % en 1988 à 20 % en 1993. La loi du 24 août 1993 relative à la maîtrise de l'immigration a d'abord porté au niveau législatif des dispositions qui, jusqu'alors, étaient du domaine du règlement. Ensuite, les conditions qu'elle a posées, pour l'essentiel reprises des textes antérieurs, ont été, pour certaines d'entre elles, assouplies par la loi du 11 mai 1998. Toutefois, subsiste tout particulièrement l'interdiction pour un polygame de demander le regroupement d'une seconde épouse.

II. — **Les dispositions actuelles**

1. **Le champ d'application.** — Aux termes de l'article 29 de la loi du 11 mai 1998 « le ressortissant étranger qui séjourne régulièrement en France depuis au moins un an..., peut demander à bénéficier de son droit à être rejoint, au titre du regroupement familial, par son conjoint et les enfants du couple mineurs de 18 ans ». Les textes mettant en œuvre ce principe s'appliquent à tous les étrangers autorisés à résider en France, qu'ils exercent ou non une activité salariée, et qui relèvent du droit commun. Ils ne s'appliquent pas, parce que des procédures particulières sont prévues, aux ressortissants français souhaitant faire venir leur famille, aux ressortissants de l'Union européenne et de l'Espace économique européen, aux réfugiés mariés avant l'obtention du statut, ni aux Togolais. Les Algériens enfin ne sont pas concernés par certaines dispositions.

Pour ce qui est des enfants, outre ceux du couple, le regroupement familial peut être également sollicité pour les enfants mineurs de l'un ou l'autre conjoint si la filiation est établie à leur égard, si l'autre parent est décédé ou déchu de ses droits, ou encore si l'exercice de l'autorité parentale est attestée. D'autre part, la limite d'âge est portée à 21 ans pour les enfants des ressortissants d'un pays signataire de la charte sociale européenne (Turquie, Chypre et Malte) et le regroupement partiel peut être autorisé pour des motifs tenant à l'intérêt des enfants.

2. **Les conditions de fond.** — L'étranger qui demande l'introduction en France de sa famille doit y

être fixé avec une certaine stabilité, et y posséder depuis un an au moins un titre de séjour, qui est soit une carte de séjour temporaire, soit une carte de résident. S'il exerce une activité professionnelle non salariée, il doit posséder le titre distinct de la carte de séjour, prévu par la réglementation qui lui est applicable. S'il est inactif ou s'il exerce une activité professionnelle non soumise à autorisation, il doit justifier d'une carte de séjour temporaire mention « visiteur » ainsi que de moyens d'existence suffisants. Il doit en second lieu disposer de ressources stables et suffisantes pour subvenir aux besoins de sa famille. S'il est salarié, il doit occuper un emploi lui procurant des ressources pouvant être considérées comme normales pour la famille d'un salarié de même catégorie vivant dans la même région. La condition de stabilité de l'emploi exclut les travailleurs saisonniers, les titulaires d'une autorisation provisoire de travail ainsi que les boursiers et stagiaires en formation ou perfectionnement professionnel. S'il s'agit d'un travailleur non salarié (commerçant, artisan), ou d'un étranger n'exerçant aucune activité professionnelle, il doit justifier par tous moyens (notamment par la production du dernier avis d'imposition) qu'il a retiré de son activité non salariée ou de la gestion de son patrimoine, depuis un an, des ressources d'un montant au moins équivalent au SMIC. En troisième lieu, le logement dont disposera la famille du demandeur (que ce dernier en soit déjà locataire, ou qu'il ait une promesse ferme de location) doit être conforme aux conditions générales tenues pour normales, pour une famille de même catégorie, dans la même région, et présenter les garanties suffisantes pour une bonne intégration dans l'environnement social. Enfin, les personnes rejoignantes doivent être reconnues médicalement aptes au contrôle médical assuré par l'OMI, dans le pays d'origine, ce qui exclut celles qui sont atteintes d'une maladie soumise au règlement sanitaire international. L'introduction peut par ailleurs être refusée à ceux des membres de la famille dont la présence sur le territoire français constitue une menace pour l'ordre public, cette notion devant être interprétée strictement et excluant notamment toute appréciation qui se fonderait sur des considérations d'ordre économique (emploi) ou sociale (seuil prétendu de tolérance de présence des étrangers).

3. La procédure.

A) *Cas général.* — C'est, selon les départements, auprès de la délégation de l'OMI ou auprès de la Direction départementale des affaires sanitaires et sociales (DDASS) du futur lieu de résidence de la famille, que le requérant doit déposer sa demande. Dans la seconde hypothèse, la DDASS saisit le centre régional de l'OMI qui assure le contrôle du logement dont disposera la famille à son arrivée, et du caractère stable et suffisant des ressources de la famille. L'Office transmet copie de la demande et de son enquête au maire de la commune de résidence future de la famille. Celui-ci dispose d'un délai de deux mois pour donner un avis motivé sur les conditions de ressources et de logement. En se fondant sur le résultat de son enquête et sur l'avis du maire, le centre régional de l'OMI formule un avis favorable ou défavorable à la demande d'introduction et retourne le dossier à la DDASS. Pour éviter des délais d'instruction trop longs, la loi a imposé le principe d'un délai total de six mois entre le dépôt du dossier complet et la notification de la décision préfectorale. La décision du préfet est transmise à l'OMI qui, si elle est positive, a la charge de la mettre en œuvre, en organisant dans le pays d'origine de la famille rejoignante, soit par ses missions, soit par les consulats, le contrôle médical dont le résultat positif rend la décision préfectorale exécutoire.

A leur arrivée en France, les membres de la famille bénéficient d'une carte de séjour de même nature que celle détenue par le chef de famille, c'est-à-dire soit d'une carte de séjour temporaire, soit d'une carte de résident, l'une et l'autre permettant l'accès à un emploi salarié.

B) *Procédures particulières.*

a) La famille d'un travailleur étranger peut être introduite en France en même temps que celui-ci ; c'est la procédure dite de « famille accompagnante » qui, depuis 1974, année de suspension de l'immigration active, a un caractère exceptionnel. Elle ne concerne, dans la majorité des cas, que des familles accompagnant un cadre de haut niveau qui, à ce titre, a pu bénéficier d'un contrat d'introduction en France. Dans cette procédure, c'est l'employeur ayant souscrit le contrat de travail qui formule également la demande d'introduction de la famille. Le contrôle médical et l'enquête logement se déroulent comme on les a décrits, précédemment.

b) Le gouvernement a laissé subsister, à titre exceptionnel, le principe de l'admission au séjour en la subordonnant à des conditions restrictives et cumulatives : pour la solliciter en étant déjà sur le territoire français, les membres d'une famille doivent être en situation régulière pour une durée supérieure à trois mois, en qualité de visiteur ou d'étudiant, ou pour l'exercice d'une activité professionnelle, et pouvoir invoquer un motif légitime (par exemple mariage contracté avec un étranger depuis l'arrivée en France). Bien entendu, les conditions de fond doivent être remplies. La demande est transmise (ou reçue) à la délégation régionale de l'OMI qui l'instruit dans les conditions habituelles, et fait passer la visite médicale en France.

4. **Les régimes spéciaux.**

A) *Les ressortissants des États membres de l'Union européenne et de l'Espace économique européen.* — Le regroupement de ces familles peut concerner, selon la situation de la personne : le conjoint, les descendants de moins de 21 ans ou à charge, les ascendants à charge du ressortissant ou de son conjoint. La procédure ne comporte que le dépôt d'une demande de carte de séjour au « guichet unique » (mairie, commissariat, préfecture de police) pour les personnes âgées de plus de 18 ans. Si le titre délivré est d'un modèle uniforme, la durée de validité et la mention apposée au verso de la carte diffèrent selon la catégorie (travailleur, étudiant, retraité, etc.) à laquelle appartient le ressortissant. Les membres de famille ont le droit d'exercer librement une activité salariée ou non salariée sur le territoire français, même s'ils ne possèdent pas la nationalité d'un État membre de l'UE ou de l'EEE.

B) *Les Algériens.* — Ils restent soumis aux dispositions des circulaires du 14 mars 1986 et du 7 novembre 1994. Aucune durée de résidence n'est imposée au demandeur algérien dès lors qu'il dispose d'un certificat de résidence d'une durée minimale d'un an. Les enfants de moins de 18 ans à charge en vertu d'une décision de l'autorité judiciaire algérienne, peuvent bénéficier du regroupement. S'agissant de la procédure, l'avis du maire n'est pas requis. Si le titre de séjour remis aux membres de famille regroupés a une validité d'un an, il ne vaut pas accès automatique au marché du travail, mais la situation de l'emploi n'est pas opposable à son titulaire.

Chapitre IV

LES DROITS SOCIAUX DES ÉTRANGERS

I. — La couverture sociale

1. **Le principe d'égalité entre les Français et les étrangers.** — D'une manière générale, les étrangers qui travaillent en France sont astreints aux mêmes contributions et cotisations sociales que les Français et bénéficient des mêmes prestations.

A) *Assurances sociales.* — L'article L 311-2 du Code de la sécurité sociale prévoit que les travailleurs étrangers sont assurés obligatoirement dans les mêmes conditions que les travailleurs français. Dès que l'immatriculation est demandée par son employeur à la Sécurité sociale, et sous réserve des durées minimales d'assurance ou de contribution ou cotisation, l'immigré bénéficie *des prestations en nature et en espèces des assurances maladie, invalidité, décès, accident du travail et veuvage,* et peut commencer à accumuler *des droits à pension.* Ses ayants droit, dont la liste est définie comme pour les Français par les articles L 313-3, R 313-12 et R 313-13 du Code de la sécurité sociale, bénéficient également de l'assurance maladie. Cependant, en application de la règle de la territorialité des droits, ce bénéfice est réservé à ceux qui ont leur résidence en France. Les étrangers qui résident en France depuis plus de trois mois sans y exercer une activité professionnelle, peuvent en ce qui les concerne, souscrire une assurance personnelle dans les conditions prévues par la loi du 2 janvier 1978 et l'arrêté du 23 juin 1993. La loi du 24 août 1993 a introduit un article L 115-6 dans le Code de la sécurité sociale, qui prévoit que les personnes de nationalité étrangère ne peuvent être affiliées à un régime obligatoire de Sécurité sociale que si elles sont en situation régulière au regard de la législation sur le séjour et le travail des étrangers en France. Les articles D 115-1 à 4 du Code de la sécurité sociale fixent la liste des titres ou documents attestant la régularité de leur situation, selon qu'ils sont membres ou non de l'Espace économique européen. La loi sus-citée du 11 mai 1998 permet aux étrangers titulaires de la nouvelle carte de séjour « retraité », ayant cotisé pendant quinze ans au moins dans un ou plusieurs régimes français, de bénéficier des prestations en nature de l'assurance maladie lors de leurs séjours temporaires en France.

S'agissant des *prestations familiales,* l'article L 512-2 du Code de la sécurité sociale dispose : « Bénéficient de plein droit des prestations familiales dans les conditions fixées par le présent livre les étrangers titulaires d'un titre exigé d'eux pour résider régulièrement en France. » L'étranger dont la famille réside en France a donc droit à l'ensemble des prestations familiales dans les mêmes conditions que les Français. Pour les allocations postnatales, l'allocataire est obligatoirement la mère qui doit être en possession d'un titre de séjour régulier en cours de validité (circulaire du ministère des Affaires sociales n° 80-255 du 3 décembre 1980). Pour les autres prestations, l'allocataire est le père ou la mère, au choix des parents. La liste des titres et documents qui justifient la régularité du séjour figure à l'article 511-1 du Code de la sécurité sociale.

Lorsque la famille du travailleur étranger réside hors de France, le droit aux prestations familiales est ouvert uniquement en faveur des ressortissants de l'Espace économique européen, à l'exception des prestations qui ne sont pas exportables au regard du règlement CEE 1408-71 coordonnant les régimes de sécurité sociale (allocation de garde d'enfant à domicile, aide à la famille pour l'emploi d'une assistante maternelle agréée, allocation parentale d'éducation, allocations logement). Les travailleurs dont le pays d'origine a signé avec la France une convention visant les prestations familiales n'ont droit, dans cette hypothèse, qu'à un équivalent de nos allocations familiales adapté aux pouvoir d'achat local.

Les prestations vieillesse sont versées au travailleur étranger qui a validé au moins un trimestre pendant sa vie active. Il a droit à toutes les prestations contributives du régime général, la pension étant calculée comme pour les Français en fonction de la durée d'assurance, du salaire annuel moyen de base et du taux applicable à celui-ci. Si la pension ainsi calculée est inférieure à 815,48 F (en 1999), l'assuré reçoit un versement forfaitaire unique égal à quinze fois le montant annuel de la pension calculée. Depuis la loi du 11 mai 1998, aucune condition de résidence en France n'est exigée au moment de la liquidation d'une prestation d'assurance vieillesse, condition qui n'était levée antérieurement que si un accord de réciprocité liait la France au pays d'origine. Les prestations, de droit direct ou de reversion, sont exportées dans tous les pays au montant fixé selon la réglementation française.

B) *L'aide sociale et les prestations non contributives.* — L'aide sociale est également ouverte aux étrangers. L'article 124 du Code de la famille et de l'aide sociale dispose en effet que « toute personne résidant en

France bénéficie, si elle remplit les conditions légales d'attribution, des formes d'aide sociale définies par le présent Code ». L'article 38 de la loi du 24 août 1993 distingue cependant les étrangers en situation régulière et ceux qui ne le sont pas. Ceux qui sont en situation régulière bénéficient de toutes les formes d'aide sociale. L'accès à ces aides est immédiat, sauf pour la prestation spécifique dépendance (PSD) créée par la loi du 24 janvier 1997 pour laquelle, outre la condition de régularité du séjour, est posée une condition de résidence ininterrompue en France de quinze ans avant l'âge de 70 ans. Ceux qui sont en situation irrégulière bénéficient seulement des prestations d'aide sociale à l'enfance, de l'aide sociale en cas d'admission dans un centre d'hébergement et de réadaptation sociale et de l'aide médicale pour les soins dispensés par un établissement de santé ou pour les prescriptions ordonnées à cette occasion. Ils bénéficient également de l'aide médicale à domicile sous réserve d'une résidence ininterrompue en France métropolitaine depuis au moins trois ans.

Les étrangers ont longtemps été exclus du bénéfice des prestations non contributives définies dans le livre VIII du Code de la sécurité sociale (minimum vieillesse et invalidité, allocation aux adultes handicapés, etc.). La loi du 11 mai 1998 a supprimé cette exclusion en rendant le livre VIII applicable aux étrangers en situation régulière, à l'exception de la majoration de pension prévue par l'article L 814-2 du même code. Ces prestations demeurent cependant inexportables, y compris dans l'Espace économique européen.

Enfin, les étrangers bénéficient du revenu minimum d'insertion dans les conditions fixées par la loi n° 88-1088 du 1er décembre 1988 (art. 8) qui exige des bénéficiaires une résidence régulière en France de plus de trois ans, sauf s'ils sont ressortissants de l'Espace économique européen et titulaires d'un titre permanent, ou s'ils reçoivent, avant l'écoulement de ce délai, une carte de résident. En revanche, aucune durée de résidence n'est éxigée des personnes à charge (conjoint ou concubin, enfants) pour leur prise en compte dans le calcul du montant du RMI.

C) *L'assurance chômage.* — Les travailleurs étrangers, comme les nationaux, doivent être inscrits à l'Agence nationale pour l'emploi (ANPE) pour bénéficier des allocations chômage. Ils doivent pour s'inscrire être titulaires d'un titre de séjour et de travail (titre unique). Pour les conjoints et enfants entrés au titre du regroupement familial, la délivrance de droit d'un titre unique leur donne la possibilité de s'inscrire à l'ANPE. Les étrangers qui relèvent de statuts spéciaux pour l'exercice en France d'une activité professionnelle peuvent s'inscrire sur production des titres spécifiques qui leur sont applicables.

Dès lors qu'ils sont en situation régulière et qu'ils sont inscrits à l'ANPE, les étrangers bénéficient des mêmes allocations que les travailleurs français : allocations de base, de fin de droits, de solidarité, d'insertion et de garantie de ressource. Cependant, l'obligation d'être pour le bénéficiaire en situation de recherche d'emploi, que vérifie l'ANPE, s'oppose à l'exportation de ces allocations si le travailleur retourne dans son pays (sous réserve de ce qui est dit *infra* au chapitre IV de la troisième partie).

Il résulte de ces dispositions que le migrant est soumis en principe intégralement à la législation du pays d'emploi, que les ayants droit bénéficient des prestations du pays où ils résident comme si le travailleur vivait avec eux, et que les prestations sont versées par les institutions du pays de résidence pour le compte des institutions du pays d'emploi des travailleurs.

2. **Le rôle des conventions internationales.** — Le fait pour l'étranger de travailler dans un pays différent de son pays d'origine l'expose à des difficultés spéci-

fiques, soit pour lui-même quant à la conservation de ses droits acquis (retraite et invalidité), soit pour ses ayants droit restés dans le pays d'origine, qui se trouvent exclus du bénéfice de l'assurance maladie et des prestations familiales en raison du principe de territorialité qui s'applique à la Sécurité sociale. C'est le rôle des conventions internationales d'assurer, en partie, les adaptations nécessaires.

A) *Les conventions multilatérales.* — Elles ont été élaborées sous l'égide des organisations internationales : ONU, Organisation internationale du travail (OIT), Conseil de l'Europe. Ces accords permettent de régler la situation de catégories particulières de travailleurs (bateliers rhénans, gens de mer, transports internationaux), et constituent des engagements à respecter des principes généraux tels que la non-discrimination, l'égalité de traitement et la conservation des droits acquis, et à atteindre des normes minimales de Sécurité sociale.

B) *Les règlements CEE de Sécurité sociale.* — Pris en application de l'article 51 du traité de Rome, le règlement CEE n° 1408/71 concrétise le principe de la liberté de circulation en levant, à l'intérieur de la Communauté, les clauses de résidence pour l'octroi des droits en matière de sécurité sociale. Cependant, si ce principe est acquis pour les prestations contributives, il l'est moins pour les prestations non contributives, comme on l'a vu pour les prestations familiales ou les prestations non contributives vieillesse. Ce principe n'est, par ailleurs, pas retenu pour les prestations d'aide sociale (RMI, etc.).

Créé en 1959, le Centre de sécurité sociale des travailleurs migrants dont le siège est à Paris, a pour mission principale d'assister les organismes de sécurité sociale dans l'application des règlements communautaires et des conventions bilatérales (voir p. 90).

C) *Les conventions bilatérales.* — Elles comprennent les conventions de Sécurité sociale et les protocoles annexes, arrangements administratifs et échanges de lettres qui les complètent. Elles lient la France à 34 États en dehors de l'Espace économique européen et à deux territoires de l'ensemble français totalement autonomes en matière de sécurité sociale (Polynésie et Nouvelle-Calédonie). Fondées sur le principe de l'égalité de traitement et de la réciprocité, elles visent à garantir le maintien des droits pour les étrangers en France comme pour les Français à l'étranger. Les conventions d'assistance sociale suppriment notamment les conditions de durée de résidence pour l'admission à l'aide sociale. Les conventions de Sécurité sociale réalisent, par un abandon du principe de territorialité, la coordination et la continuité des droits sociaux et, pour certaines d'entre elles, la couverture des ayants droit restés au pays d'origine. Ainsi, et malgré quelques imperfections, le dispositif mis en œuvre par les conventions internationales adapte au mieux le système de Sécurité sociale français aux travailleurs migrants et à leurs familles.

II. — Le coût de la couverture sociale des étrangers

1. **Vrai ou faux problème ?** — Dans un pays où la protection sociale repose, à coté de règles d'assurances et de répartition, sur un principe de solidarité nationale, il n'y a pas lieu de s'interroger sur le coût de telle ou telle catégorie sociale. Sinon pourquoi les immigrés, plutôt que les accidentés de la route et du travail, et pourquoi pas les handicapés ? Question d'autant plus vaine qu'elle est sans réponse précise en l'absence d'un instrument statistique adéquat. En effet, si la nationalité est prise en compte dans les

statistiques relatives aux dépenses de prestations sociales et de consommation médicale, elle ne l'est pas en ce qui concerne les différentes contributions versées par les allocataires. L'information statistique est donc partielle et son extrapolation sujette à caution.

2. **Évaluation.** — A partir du moment où la question est posée devant l'opinion publique, il serait souhaitable de pouvoir lui apporter la réponse la plus argumentée possible. Faute de données récentes, force est de reproduire quelques résultats d'une étude réalisée en 1989 à la demande du gouvernement, qui reste la seule à proposer une évaluation d'ensemble.

A) *Régime général de la Sécurité sociale.* — S'agissant des dépenses de Sécurité sociale, la part des prestations sociales servies aux étrangers peut être évaluée sur la base d'indications fournies par les caisses nationales, pour chacun des risques considérés et des résultats des enquêtes de fréquentation du système de soins en matière d'hospitalisation ou de médecine pour la population étrangère. Les taux ainsi reconstitués pour les prestations peuvent être appliqués aux autres dépenses (charges annexes et transferts).

Il faut cependant rappeler que pour les différents régimes de Sécurité sociale, les cotisations reçues ne représentent pas l'ensemble des ressources disponibles (compte tenu de l'existence de subventions de l'État, et d'impôts et taxes affectés...), et que, par conséquent, le bilan cotisations/dépenses sociales est globalement négatif pour l'ensemble de la population résidant en France, quelle qu'en soit la nationalité. Pour les personnes de nationalité étrangère relevant du régime général, les évaluations qui peuvent être faites montrent que ce bilan était faiblement négatif en 1989, les cotisations au régime général représentant environ 59 milliards de francs et les dépenses de Sécurité sociale correspondantes 62,6 milliards, soit 6 % de plus que les cotisations.

a) Cotisations. Pour les risques maladie, accident du travail et la branche vieillesse, les cotisations calculées sur la base des effectifs et des salaires du secteur privé hors agriculture étaient estimées en 1989 respectivement à 24,5 milliards soit 6,8 % des cotisations du régime général, 6 milliards (14,5 % des cotisations AT) et 18,4 milliards (9,2 % des cotisations vieillesse). Pour la branche famille, le calcul intègre le champ additionnel de la CNAF (salariés agricoles, non salariés agricoles et non salariés non agricoles) et conduit à une estimation de 10,1 milliards, soit 6,3 % des cotisations familles du régime général.

b) Dépenses. Les données qui suivent présentent pour 1989 et pour chacune des quatre branches de la Sécurité sociale, la part des étrangers dans l'ensemble des dépenses : prestations, transferts hors compensation et charges annexes (action sanitaire et sociale et gestion administrative).

La part des étrangers dans les dépenses d'hospitalisation et de soins de santé était en 1989 de 6,8 % des dépenses totales, soit 25,8 milliards. Pour les accidents du travail, le bilan des dépenses consacrées aux étrangers doit tenir compte du système de tarification de cette branche, qui conduit à faire cotiser les employeurs de façon à couvrir les accidents survenus, au moins pour les entreprises qui sont tarifées au coût réel. Les cotisations acquittées doivent donc être proches des prestations reçues. Les statistiques technologiques des accidents du travail de 1987 fournissent la part des incapacités permanentes attribuées aux étrangers en 1987, soit 18 %, et la part des journées de travail perdues en 1987, soit 18,1 %. Un taux moyen de 18 % peut donc être appliqué à l'ensemble des dépenses d'accidents du travail, en tenant compte toutefois, pour ce qui concerne les prestations en espèces (rentes et indemnités journalières), du niveau relatif des salaires des personnes de nationalité étrangère. La part des étrangers est ainsi estimée à 16,2 % des dépenses d'accident du travail en 1989, ce qui représente 6 milliards de francs.

Pour les prestations familiales, les dépenses effectuées en faveur des étrangers, d'après les informations dont dispose la CNAF peuvent être estimées à 17,2 milliards de francs en 1989, dont 14,1 milliards de prestations. Elles représentent d'une part les dépenses individualisables telles que les prestations familiales proprement dites, l'allocation aux adultes handicapés et les prestations servies à l'étranger, et d'autre part les charges communes (transferts, gestion administrative, ASS). Les transferts internes au régime général ne sont naturellement pas pris en compte. L'ensemble des dépenses afférentes aux étrangers représente 10,7 % des dépenses du régime général.

Enfin, pour l'assurance vieillesse, la part des prestations versées à des personnes étrangères est évaluée à 6 %, ce qui représente 12,3 milliards de prestations sociales servies. Les dépenses imputables aux étrangers à ce titre se montaient au total en 1989 à 13,6 milliards, soit 5,7 % des dépenses du régime général.

Ces chiffres sont résumés dans le tableau ci-contre :

Globalement, l'écart cotisations/dépenses du régime général s'élevait donc, en 1989, à 3,6 milliards. Plus en détail, le solde apparaissait positif pour ce qui concerne l'assurance vieillesse, équilibré pour la branche accidents du travail, légèrement négatif pour l'assurance maladie, plus nettement pour la branche famille.

	Cotisations versées		Part dans les dépenses	
	%	Milliards	%	Milliards
Assurance maladie-maternité	6,8	24,5	6,8	25,8
Accidents du travail	14,5	6	16,2	6
Assurance vieillesse	9,2	18,4	5,7	13,6
Prestations familiales	6,3	10,1	10,7	17,2
Total		59		62,6

Depuis lors, il n'y a pas eu de nouveau travail portant à la fois sur les cotisations versées et les prestations perçues par les étrangers, qui permettrait d'esquisser un bilan. Seuls quelques éléments partiels ont été réunis, notamment à l'occasion de la dernière enquête décennale sur la santé, qui font apparaître, au début des années 1990, une situation nuancée. Ainsi, pour les prestations, il s'avère que celles versées au titre des jeunes enfants (allocation parentale d'éducation, allocation pour la garde à domicile, etc.) sont d'un montant sensiblement équivalent, indépendamment de la nationalité ; les allocations familiales, en revanche, sont en moyenne plus élevées pour les allocataires étrangers. En sens inverse, s'agissant de la consommation médicale, les étrangers recourent moins souvent au médecin que les nationaux (respectivement près de cinq et de sept séances par an) et ont une fréquence d'hospitalisation très proche (respectivement 180 et 173 sorties d'hospitalisation par an pour 1 000 personnes), ce qui infirme l'assertion habituelle de surconsommation.

B) *Autres prestations.* — A l'opposé de ce qui précède, les prestations de chômage et d'aide sociale versées aux étrangers sont d'un coût relativement supérieur à celui des prestations perçues par les Français.

a) Assurance chômage. En 1992, les sommes versées par l'UNEDIC au titre de l'indemnisation du chômage des étrangers (régime assurance, allocation formation-reclassement, allocation d'insertion, allocations spéciales de solidarité) ont représenté environ 10 % du coût total, soit près de 8 milliards de francs. Au 31 décembre, le nombre des étrangers en cours d'indemnisation était d'environ 280 000, représentant 11,9 % des effectifs indemnisés, soit une proportion sensiblement supérieure à leur poids relatif dans la population active.

b) Aide sociale. S'agissant de l'aide sociale, il est beaucoup plus difficile de chiffrer les coûts imputables aux étrangers, en l'absence de statistiques nationales portant sur l'ensemble des prestations perçues par eux. Pour le RMI, le nombre de bénéficiaires étrangers était estimé fin 1993 à 108 000 soit 15,9 % du total (1,6 % EEE et 14,3 % hors EEE), ce qui représentait une dépense de l'ordre de 2,3 milliards. Pour les autres allocations, aucun chiffre ne peut être avancé. Mais on peut observer, sur un plan général, que la population immigrée fait peu appel, du fait de sa démographie, aux formes d'aides sociales concernant les personnes âgées. Plus solidaire, elle recourt moins aux services d'aide en nature (aides ménagères). Elle est sous-représentée dans des secteurs comme celui des centres d'aide par le travail. Enfin, et contrairement aux idées reçues, il n'y a aucune corrélation significative entre l'importance des charges d'aide sociale et la présence dans un département ou une région d'une forte communauté immigrée.

3. **Interprétation des résultats.** — Globalement, le rapprochement des dépenses relatives à la couverture sociale des étrangers à leurs effectifs fait donc appa-

raître ce que l'on peut considérer comme un surcoût. Mais celui-ci est très inférieur aux chiffres généralement avancés. En outre, il doit être lui-même relativisé.

A) *Dans le temps.* — La structure démographique de l'immigration a une incidence évidente sur les équilibres financiers de la protection sociale. Si aujourd'hui, du fait du regroupement familial et du nombre élevé d'enfants, le bilan en est négatif, l'immigration de main-d'œuvre s'est soldée dans le passé par une contribution financière positive qu'expliquaient sa répartition par groupe d'âge et par sexe, ainsi que son taux d'activité élevé. Une étude exhaustive du coût de la protection sociale des étrangers devrait donc porter sur une longue période et prendre en considération l'évolution structurelle de l'immigration.

B) *Dans sa signification.* — De manière générale, les prestations familiales ont été créées pour aider les familles nombreuses ou celles qui ont de jeunes enfants, ainsi que les personnes disposant de faibles ressources. Dans la mesure où les familles étrangères non communautaires présentent plus souvent que les autres ces caractéristiques, il n'est pas surprenant qu'elles perçoivent globalement plus d'allocations que les nationaux. Quant aux régimes dans lesquels le poids des immigrés est relativement plus lourd que celui de l'ensemble de la population, ils ne font que refléter une réalité non moins évidente : c'est que les emplois que les immigrés occupent dans les entreprises en font les victimes les plus nombreuses des accidents du travail, et la place qui leur est faite dans l'économie les premiers atteints par la crise. Peut-on considérer cela comme des privilèges ? Mais à l'inverse, ceux qui entendent démontrer que les étrangers ont une protection sociale moindre s'engagent dans une voie bien hasardeuse. Le versement de plus d'un milliard de francs des régimes de prestations sociales et du Fonds social européen au Fonds d'action sociale permet en effet d'apporter aux étrangers une aide sociale complémentaire, significative, distribuée par le subventionnement d'environ 4 000 associations. Il convient donc de renvoyer dos à dos ceux qui pensent qu'en matière de couverture sociale on fait trop pour les étrangers et ceux qui estiment qu'on ne fait pas assez.

TROISIÈME PARTIE

L'ACTION DES POUVOIRS PUBLICS

Le gouvernement a, à partir des années 1980, défini la politique de l'immigration autour de trois axes principaux qui sont demeurés les mêmes, aux nuances de vocabulaire près :

— maîtrise des flux migratoires, et conjointement lutte contre l'emploi irrégulier et les trafics de main-d'œuvre étrangère ;
— insertion professionnelle, sociale et culturelle des populations immigrées ou issues de l'immigration installées durablement en France ;
— aide à la réinsertion volontaire dans le pays d'origine.

Mais avant d'étudier les trois axes de cette politique, il est utile d'en rappeler les instruments.

Chapitre I

LES INSTRUMENTS DE LA POLITIQUE DE L'IMMIGRATION

Phénomène de société, l'immigration concerne, à des degrés divers, les différents secteurs de l'action gouvernementale. Cependant, ce caractère interministériel ne s'est pas traduit par la mise en place d'une structure spécifique durable animant et coordonnant l'activité des ministères. Il en va autrement, au plan consultatif, avec l'instauration de deux organismes, lieux de réflexion et de propositions : l'un, le Haut comité de la population et de la famille (aujourd'hui Haut conseil), créé en 1945 qui, au lendemain de la guerre, a joué un rôle important dans l'élaboration du Code de la nationalité et des dispositions relatives à l'entrée et au séjour des étrangers ; l'autre, le Haut conseil à l'intégration, institué par un décret du 19 décembre 1989. Placé auprès du Premier ministre et composé de neuf membres nommés pour trois ans, avec possibilité de renouvellement du mandat, il a pour mission de donner son avis et de faire toute proposition utile sur l'ensemble des questions relatives à l'intégration des résidents étrangers ou d'origine étrangère.

I. — Les ministères

Deux ministères interviennent plus particulièrement dans le domaine de l'immigration : celui de l'Intérieur et celui de l'Emploi et de la Solidarité.

1. **Le ministère de l'Intérieur.** — Il définit et met en œuvre la réglementation relative à l'entrée et au séjour des étrangers en France. La Direction des libertés publiques et des affaires juridiques (DPLAJ) élabore le droit applicable. Sa sous-direction des étrangers et de la circulation transfrontière est responsable des autorisations ou des refus d'admission sur le territoire, de la délivrance des titres de séjour et de la mise en œuvre des mesures d'éloignement. La Direction centrale de la police aux frontières (DCPAF), créée par décret du 29 janvier 1999, veille au respect de la réglementation française et communautaire rela-

tive au franchissement des frontières et anime les actions contre les filières organisées et le travail dissimulé. L'Office central pour la répression de l'immigration irrégulière et de l'emploi d'étrangers sans titre (OCRIEST) lui est rattaché. Ces deux directions s'appuient sur les directions interrégionales et les directions départementales du contrôle de l'immigration et de la lutte contre l'emploi des clandestins.

2. **Le ministère de l'Emploi et de la Solidarité.** — En même temps qu'elle fixe les bases de la réglementation applicable aux étrangers venant séjourner et travailler en France, l'ordonnance du 2 novembre 1945 crée, avec l'Office national d'immigration, un établissement public doté du monopole des opérations de recrutement et d'introduction des travailleurs étrangers et de leurs familles. Mais il faut attendre 1966 pour voir apparaître, au sein du ministère des Affaires sociales, la Direction de la population et des migrations (DPM), née de l'éclatement de l'ancienne Direction générale de la population et de l'action sociale en deux nouvelles structures, la seconde étant la Direction de la famille, de la vieillesse et de l'action sociale (actuelle Direction de l'action sociale). Dès lors, la DPM subira, sur le plan de son rattachement ministériel, le contrecoup de situations gouvernementales différentes, étant successivement placée sous l'autorité du ministre du Travail ou du ministre des Affaires sociales. Organisée en trois sous-directions, elle est notamment chargée par l'arrêté du 9 septembre 1983 d'élaborer et d'appliquer la législation sur les autorisations de travail et le regroupement familial, de préparer et d'animer la politique d'accueil et d'intégration des personnes étrangères ou d'origine étrangère, et de traiter les demandes d'acquisition de la nationalité française par décret et par déclaration

consécutive au mariage avec un conjoint français, et aussi les demandes de pertes de cette nationalité. Enfin, elle assure la tutelle de l'administration sur l'Office des migrations internationales (OMI), sur le Fonds d'action sociale pour les travailleurs immigrés et leurs familles (FAS), ainsi que la cotutelle de l'Institut national d'études démographiques (INED).

II. — Les structures rattachées au ministère de l'Emploi et de la Solidarité

1. **La Commission interministérielle pour le logement des populations immigrées (CILPI).** — Succédant à la Commission nationale pour le logement des immigrés, la CILPI, créée par un arrêté du 9 juin 1998, est chargée de la mise en œuvre de la programmation des crédits complémentaires prélevés sur la participation des employeurs à l'effort de construction (le 1 % patronal). Ces crédits viennent compléter les financements de droit commun, (PLA, PALULOS) destinés en particulier à la réhabilitation des foyers de travailleurs migrants les plus dégradés, souvent exclus des aides au logement. Ainsi, un plan quinquennal (1997-2001) permettra de mobiliser 1,8 milliard de francs en faveur du logement des immigrés. La Commission a en outre pour mission de faire toute proposition et de coordonner les actions dans ce domaine. Elle est assistée par un secrétariat dirigé par un délégué général qui anime un réseau de correspondants départementaux nommés par les préfets.

2. **La Délégation interministérielle à la lutte contre le travail illégal (DILTI).** — La tâche dévolue en 1990 à la Mission interministérielle pour la lutte contre le travail clandestin, l'emploi non déclaré et les trafics de main-d'œuvre est désormais assurée par la DILTI,

créée par le décret n° 97-213 du 11 mars 1997. En matière d'immigration, cette dernière est chargée d'animer et de coordonner les actions mises en œuvre par les pouvoirs publics pour lutter contre l'introduction, l'emploi et l'hébergement irréguliers de main-d'œuvre étrangère, arrêtées par la Commission nationale de lutte contre le travail illégal instituée par le même décret. Elle organise les actions de prévention et apporte son assistance aux services de contrôle, notamment aux commissions et aux comités opérationnels départementaux de lutte contre le travail illégal.

3. **Le Conseil national pour l'intégration des populations immigrées (CNIPI).** — Au niveau national, la concertation du gouvernement avec les partenaires sociaux (syndicats patronaux et de salariés) s'effectuait depuis le décret du 17 mai 1973 au sein de la Commission nationale de la main-d'œuvre étrangère, placée auprès du Comité supérieur de l'emploi et présidée par le ministre du Travail. Elle a été régulièrement consultée par le gouvernement jusqu'en octobre 1982 sur l'emploi des travailleurs étrangers et sur les questions qui s'y rattachent. En mai 1984, la Commission nationale a été remplacée par le Conseil national des populations immigrées auquel s'est substitué le Conseil national pour l'intégration des populations immigrées, institué par le décret n° 93-290 du 5 mars 1993. La réforme ainsi réalisée a eu pour objectifs essentiels : l'élargissement des missions de cette instance de concertation — dorénavant placée auprès du ministre chargé des immigrés — à l'ensemble des domaines de l'immigration, la représentation, par la majorité de ses membres, des populations immigrées et la participation d'administrations ou d'organismes qui n'étaient pas représentés à la CNMOE.

4. **Le Délégué interministériel au codéveloppement et aux migrations internationales.** — Créé par le décret nº 98-314 du 24 avril 1998, il est chargé de proposer des orientations et des mesures visant au renforcement de la coopération de la France avec les pays d'émigration en vue de convenir avec eux, dans une perspective de codéveloppement, d'une meilleure maîtrise des flux migratoires.

III. — Les organismes sous tutelle

Pour remplir ses missions, la Direction de la population et des migrations s'appuie, en tant que de besoin, sur les préfectures et sur les directions régionales ou départementales soit du travail et de l'emploi, soit des affaires sanitaires et sociales. Mais pour une partie importante de son action, elle a recours à des organismes autonomes sur lesquels elle exerce la tutelle de l'administration ainsi qu'à un réseau dense d'associations.

1. **Les établissements publics.** — Deux établissements publics à caractère administratif ont un rôle prépondérant dans le domaine de l'immigration, l'Office des migrations internationales (OMI), qui intervient sur les flux migratoires, et le Fonds d'action sociale pour les travailleurs immigrés et leurs familles (FAS), qui finance des actions d'insertion.

A) *L'OMI.* — Établissement public administratif doté de la personnalité morale et juridique, ainsi que de l'autonomie financière, l'OMI a été créé par l'ordonnance du 2 novembre 1945 pour recruter, sélectionner et introduire en France la main-d'œuvre étrangère nécessaire à l'économie nationale. Sa compétence a été étendue par le décret du 26 mars 1946 à l'introduction des familles des travailleurs étrangers.

Depuis la suspension de l'immigration en 1974, l'Office a vu ses activités se diversifier notamment par une participation majeure aux différents dispositifs d'aide à la réinsertion des immigrés dans leur pays d'origine et, récemment, par une implication forte dans l'accueil des familles rejoignantes. Outre son siège national, l'OMI dispose de sept centres régionaux (Guyane, Lille, Lyon, Marseille, Nancy, Paris, Toulouse), de vingt antennes départementales et de représentations implantées dans dix pays (Argentine, Espagne, Mali, Maroc, Pologne, Québec, Roumanie, Sénégal, Tunisie, Turquie). Son financement est assuré par le remboursement des frais d'immigration des travailleurs et des familles, par le produit de la taxe sur le renouvellement des titres de travail et par la contribution spéciale, amende administrative frappant les employeurs de main-d'œuvre clandestine. Par ailleurs, et pour des actions au profit des travailleurs étrangers, le budget de l'OMI reçoit des financements spécifiques de l'État. Son budget annuel est de l'ordre de 220 millions de francs.

B) *Le FAS*. — Comme l'OMI, le FAS est un établissement public administratif autonome doté de la personnalité morale et juridique et de l'autonomie financière. A l'origine (ordonnance du 29 décembre 1958), le « Fonds d'action sociale pour les travailleurs musulmans en métropole et leurs familles » a été créé pour promouvoir une action sociale en faveur des seuls Algériens. Sa compétence a été étendue successivement à l'ensemble des étrangers venant travailler à titre permanent en France (décret du 24 avril 1964), aux travailleurs temporaires et aux groupes sociaux posant des problèmes d'insertion sociale analogues à ceux des travailleurs étrangers (décret du 14 septembre 1966). Le Fonds d'action sociale pour les travailleurs immigrés et leurs familles a été réformé en dernier lieu par le décret n° 90-142 du 14 février 1990 qui redéfinit sa mission, augmente la représentation des communautés étrangères et en assouplit les règles de fonctionnement. Depuis 1983, l'action sociale en faveur des immigrés a été régionalisée par la mise en place, dans les dix-huit principales régions d'immigration, de « Commissions régionales pour l'insertion des populations immigrées » (CRIPI). Notons qu'à la différence de la plupart des établissements publics dont le conseil d'administration a un rôle consultatif, le conseil d'administration du FAS et les CRIPI ont un pouvoir décisionnaire. Les ressources du FAS proviennent de fonds publics, à 90 % extrabudgétaires, sous la forme de contributions supportées par les divers régimes de prestations familiales. En 1998, le programme du FAS s'élevait à 1,113 milliard. Ses interventions concernent *le logement,* domaine dans lequel il assure l'équilibre de gestion des foyers de travailleurs isolés (parc de 145 000 lits), *la formation* (actions à dominante linguistique, de préformation, de formation-réinsertion dans le pays d'origine, et enseignement des langues d'origine), *les activités socio-éducatives* (en direction des femmes et des jeunes), *les actions culturelles* (émissions de télévision et de radio), l'accueil et l'information.

C) *Le Centre de sécurité sociale des travailleurs migrants (CSSTM).* — Bien qu'il ne participe pas à proprement parler à la politique migratoire du gouvernement, le CSSTM en constitue un maillon important puisqu'il a été créé par un décret du 27 mars 1959 pour mettre en œuvre les règlements n°s 3 et 4 de la Communauté économique européenne concernant la Sécurité sociale des travailleurs migrants. Placé sous la triple tutelle des ministres chargés de la Sécurité sociale, de l'Agriculture et du Budget, le Centre remplit trois missions essentielles : financière, juridique et d'information, linguistique (traductions). Il est chargé de missions liées à l'application des règlements communautaires et des conventions bilatérales : assistance des organismes de Sécurité sociale compétents pour l'instruction des dossiers des travailleurs migrants ; centralisation de données statistiques et comptables ; traduction de dossiers rédigés dans une langue étrangère, etc. Le Centre est l'organisme de liaison pour l'application des règlements communautaires et des conventions bilatérales. Ces textes visent le régime général des travailleurs salariés, le régime des salariés agricoles, le régime minier, les régimes spéciaux et parfois les régimes de non salariés, voire le régime d'assurance chômage. Le Centre est donc un organisme interbranches et interrégimes.

Le Centre intervient d'abord pour le remboursement des soins de santé aux travailleurs relevant d'un régime français de Sécurité sociale et qui effectuent un séjour temporaire dans un pays membre de l'Union européenne ou lié à la France par une convention bilatérale, aux travailleurs étrangers qui ont laissé leur famille dans leur pays d'origine, aux pensionnés d'invalidité et de vieillesse ainsi qu'aux rentiers d'accidents du travail retournés dans leur pays après avoir travaillé en France. Ces assurés ont droit à des soins de santé à la charge des organismes français : remboursement sur factures ou sur forfaits.

Les opérations de remboursement des allocations familiales prévues par les règlements communautaires s'effectuent aussi par l'intermédiaire du Centre, qui joue également le rôle d'organisme centralisateur en matière de prestations familiales lorsqu'il est fait application de certaines conventions. Il rembourse les frais de contrôles médicaux des pensionnés d'invalidité et des titulaires de rentes d'accident du travail. Il collecte l'ensemble des données statistiques et comptables permettant l'élaboration d'un rapport statistique annuel, le suivi des flux financiers et les remboursements. Chaque année, le flux des créances françaises présentées aux pays et des créances étrangères remboursées par le Centre représente environ 4 milliards de francs. Au total, les transferts de prestations de Sécurité sociale à l'étranger s'élèvent pour l'ensemble des régimes français de Sécurité sociale à plus de 10 milliards dont l'essentiel concerne les pensions et rentes versées directement par les organismes compétents. Principaux partenaires : Allemagne, Belgique, Italie, Portugal, Algérie, Espagne, Maroc, Tunisie, Yougoslavie.

2. **Les associations et autres organismes.** — Historiquement, ce sont des associations qui, les premières, sont venues en aide aux étrangers installés durablement en France. Les pouvoirs publics se sont donc naturellement appuyés sur elles pour mettre en œuvre la politique d'insertion qu'ils souhaitaient promouvoir. Au fil du temps, la vie associative s'est transformée, en particulier avec l'apparition, au début des années 80, puis l'essor, de celle issue de l'immigration. Évoluant dans la proximité quotidienne des habitants, les associations favorisent la participation à la vie locale et contribuent au renforcement du lien social. De ce fait, elles jouent un rôle important dans le processus d'intégration et apparaissent comme des partenaires traditionnels pour la mise en œuvre de cette politique. Aujourd'hui, 4 000 associations environ sont subventionnées par le FAS ou, à un moindre niveau, sur le budget de l'État, pour des montants extrêmement variables allant de quelques milliers de francs à plus de 100 millions. La Société nationale de construction de logements pour les travailleurs (SONACOTRA) et le Service social d'aide aux émigrants (SSAE) constituent les deux plus importants organismes d'intervention.

Chapitre II

LA MAÎTRISE DES FLUX MIGRATOIRES

I. — La suspension de l'immigration des travailleurs

1. **Le principe et ses exceptions.** — C'est en juillet 1974 que la suspension de l'immigration de main-d'œuvre a été décidée. Considérant à l'époque que la recherche d'un emploi était la cause principale de l'immigration, le contrôle de l'accès au marché du travail est apparu comme le moyen de maîtriser l'entrée en France des étrangers : tel est l'objet de l'article R 341-4 du Code du travail qui dispose que la situation de l'emploi présente et à venir dans la profession demandée par un travailleur étranger et dans la zone géographique où il compte l'exercer peut être opposée à toute nouvelle demande d'autorisation de travail permanent. Il n'y a donc plus en principe aujourd'hui de flux d'immigration de travailleurs permanents. Ce principe connaît toutefois, comme on l'a exposé au chapitre II, de nombreuses exceptions : il ne s'applique ni aux ressortissants de l'Espace économique européen, ni aux catégories professionnelles dont l'économie française a besoin.

A ces entrées s'ajoutent celles, à titre permanent, des membres des familles, des réfugiés et des visiteurs, et, à titre temporaire, d'actifs pour une durée déterminée, des saisonniers, des étudiants et des demandeurs d'asile. Il convient enfin de prendre en compte les opérations de régularisation exceptionnelle qui, de 1981 à fin 1998, ont entraîné l'attribution d'un titre de séjour à quelque 200 000 étrangers. Il faut donc relativiser la notion de « suspension de l'immigration », puisque celle-ci laisse subsister des flux d'entrée importants et, partant, des soldes migratoires annuels significatifs.

Dès lors les pouvoirs publics ont à faire face en permanence à la pression de tous ceux qui, pour un motif ou un autre, souhaitent s'installer dans notre pays, et en particulier de ceux qui n'hésitent pas, pour y parvenir, à utiliser des filières clandestines ou à se maintenir sur le territoire au-delà de la durée prévue par leur titre de séjour.

2. **Le contrôle de la régularité des entrées.** — Pour rendre crédible la volonté du gouvernement de contrôler les flux migratoires, il était donc nécessaire de prévoir un dispositif de répression à l'encontre des étrangers entrés ou séjournant irrégulièrement en France ou dont la présence constitue une menace pour l'ordre public. A cette fin, l'ordonnance du 2 novembre 1945 prévoit, outre des sanctions pénales, les conditions dans lesquelles un étranger peut être reconduit à la frontière, expulsé ou remis aux autorités d'un autre État membre de l'Union européenne.

A) *La reconduite à la frontière.* — La reconduite à la frontière peut résulter d'une mesure soit judiciaire, soit administrative.

a) Procédure judiciaire. L'étranger qui a pénétré ou séjourné en France de manière irrégulière est passible d'un emprisonnement d'un mois à un an et d'une amende de 2 000 à 20 000 F. La juridiction peut en outre interdire au condamné pendant une durée qui ne peut excéder trois ans, de pénétrer ou de séjourner sur le territoire français. L'interdiction du territoire emporte de plein droit reconduite du condamné à la frontière, le cas échéant à l'expiration de la peine d'emprisonnement.

b) Procédure administrative. Le préfet de département et à Paris le préfet de police peuvent, par arrêté motivé, décider qu'un étranger sera reconduit à la frontière notamment dans les cas suivants : si l'étranger ne peut justifier être en situation régulière ; si l'étranger s'est maintenu sur le territoire à l'expiration d'un délai de trois mois à compter de son entrée en France sans être titulaire d'un premier titre de séjour ; si l'étranger auquel la délivrance ou le renouvellement d'un titre de séjour temporaire a été refusé s'est maintenu sur le territoire au-delà d'un mois à compter de la date de notification du refus ; si l'étranger a fait l'objet d'une condamnation définitive pour contrefaçon, falsification, établissement sous un autre nom que le sien ou défaut de titre de séjour.

Dès notification de l'arrêté de reconduite à la frontière, l'étranger est immédiatement mis en mesure d'avertir un conseil, son consulat ou une personne de son choix.

En application de la loi n° 98-349 du 11 mai 1998, l'étranger qui fait l'objet d'un arrêté préfectoral de reconduite à la frontière peut demander son annulation au président du tribunal administratif dans un délai de quarante-huit heures si la notification s'effectue par voie administrative ou dans les sept jours lorsqu'il est notifié par voie postale. Celui-ci doit statuer dans un délai de quarante-huit heures à compter de sa saisine.

L'arrêté ne peut être exécuté avant l'expiration des mêmes délais suivant sa notification, ou avant que le président du tribunal administratif n'ait statué. Si l'arrêté est annulé, l'étranger est muni d'une autorisation provisoire de séjour jusqu'à ce que le préfet ait à nouveau statué sur son cas.

Le jugement du président du tribunal administratif est susceptible d'appel dans un délai d'un mois devant le président de la section du contentieux du Conseil d'État, mais cet appel n'est pas suspensif.

B) *L'expulsion.* — L'expulsion peut être prononcée par arrêté du ministre de l'Intérieur si la présence sur le territoire français d'un étranger constitue une menace grave pour l'ordre public ; ce dernier doit en être préalablement avisé dans des conditions fixées par décret en Conseil d'État. Il est convoqué pour être entendu par une commission siégeant sur convocation du préfet et composée : du président du tribunal de grande instance du chef-lieu du département, ou d'un juge délégué par lui, président ; d'un magistrat désigné par l'assemblée générale du tribunal de grande instance du chef-lieu du département, et d'un conseiller du tribunal administratif. Le chef du service des étrangers à la préfecture assure les fonctions de rapporteur ; le directeur départemental des affaires sanitaires et sociales ou son représentant est entendu par la commission ; ils n'assistent pas à la délibération de la commission. La convocation, qui doit être remise à l'étranger quinze jours au moins avant la réunion de la commission, précise que celui-ci a le droit d'être assisté d'un conseil ou de toute personne de son choix et d'être entendu avec un interprète. Si l'avis de la commission est obligatoire, il ne lie pas le ministre de l'Intérieur.

Aussi longtemps que l'arrêté d'expulsion n'a pas été abrogé, l'étranger ne peut revenir sur le territoire français.

Lorsqu'elle constitue une nécessité impérieuse pour l'État ou la sécurité publique, l'expulsion peut être prononcée en urgence absolue sans qu'il y ait à suivre la procédure précédemment décrite.

C) *Exclusions.* — Ne peuvent faire l'objet ni d'une reconduite à la frontière ni d'une expulsion :

- — dans tous les cas, l'étranger mineur de 18 ans ;
- — l'étranger qui justifie, par tous moyens, résider en France habituellement depuis qu'il a atteint au plus l'âge de 10 ans ;
- — l'étranger qui justifie, par tous moyens, résider en France habituellement depuis plus de quinze ans ainsi que l'étranger qui réside régulièrement en

France depuis plus de dix ans sauf s'il y résidait en qualité d'étudiant ;

— l'étranger, marié depuis au moins un an, dont le conjoint est de nationalité française ;
— l'étranger qui est père ou mère d'un enfant français résidant en France à la condition qu'il exerce, même partiellement, l'autorité parentale à l'égard de cet enfant ou qu'il subvienne effectivement à ses besoins ;
— l'étranger titulaire d'une rente d'accident du travail ou de maladie professionnelle servie par un organisme français et dont le taux d'incapacité permanente et partielle est égal ou supérieur à 20 % ;
— l'étranger qui réside régulièrement en France et qui n'a pas été condamné définitivement à une peine au moins égale à un an d'emprisonnement sans sursis ou à une peine inférieure pour des infractions spécifiques ;
— l'étranger dont l'état de santé nécessite une prise en charge médicale, en cas de risque grave et sous réserve qu'il ne puisse bénéficier d'un traitement approprié dans le pays de renvoi.

La loi déroge toutefois aux garanties et exclusions prévues en matière d'expulsion en cas d'urgence absolue, de nécessité impérieuse pour la sûreté de l'État, ou d'infraction particulièrement grave sauf pour l'étranger mineur de 18 ans.

D) *La réadmission.* — En application des dispositions de conventions internationales, et notamment de l'accord signé à Schengen le 19 juin 1990, l'étranger non ressortissant d'un État membre de la Communauté européenne qui a pénétré ou séjourné en France sans se conformer aux règles en vigueur, peut être remis aux autorités compétentes de l'État membre dont il provient directement, et qui l'a admis à entrer ou à séjourner sur son territoire. Cette mesure est applicable à un étranger qui demande l'asile, lorsque l'examen de sa demande relève de la responsabilité d'un autre État membre.

E) *Centres de rétention.* — L'article 35 *bis* de l'ordonnance du 2 novembre 1945 dispose que les étrangers qui ne peuvent déférer immédiatement à un refus d'entrer sur le territoire français, à un arrêté d'expulsion ou à une mesure de reconduite à la frontière peuvent être maintenus, par décision écrite motivée du préfet et sous le contrôle du président du tribunal de grande instance, dans des locaux ne relevant pas de l'administration pénitentiaire, pendant le temps strictement nécessaire à leur départ. Le délai maximal de rétention a été porté à douze jours en 1998. L'administration a créé à cette fin des centres spécifiques dits « Centres de reconduite à la frontière ».

Au total, les mesures d'éloignement du territoire concernent actuellement environ 15 000 personnes par an avec la répartition suivante : un millier d'expulsions, de l'ordre de 10 000 reconduites à la frontière réellement exécutées et près de 4 000 réadmissions.

II. — La lutte contre le travail dissimulé et les trafics de main-d'œuvre étrangère

La France compte 3 000 km de frontières terrestres, 3 000 km de côtes, 685 aérodromes et 580 ports. Environ 750 000 personnes traversent journellement ses frontières à un titre quelconque. Il est donc difficile d'assurer le contrôle des flux aux points d'entrée sur le territoire, et l'ensemble du dispositif juridique qui vient d'être examiné n'empêche pas l'immigration clandestine de subsister. Or, celle-ci ne peut se développer dans d'importantes proportions qu'autant que des employeurs de toutes nationalités n'hésitent pas à embaucher des travailleurs étrangers en situation irrégulière. Cette situation aboutit non seulement à favoriser l'immigration illégale, mais aussi à permettre l'existence d'un marché parallèle du travail dans lequel les salariés sont privés de toutes les protections du droit du travail et de la Sécurité sociale, et les employeurs de travailleurs irréguliers favorisés par rapport à leurs concurrents. C'est pourquoi une lutte active contre le travail clandestin et les trafics de main-d'œuvre a été mise en œuvre depuis 1981.

1. **Les moyens de lutte ont été renforcés.** — Des organes spécialisés ont été créés : l'Office central pour la répression de l'immigration irrégulière et de l'emploi d'étrangers sans titre (OCRIEST) au sein de la Direction centrale de la police aux frontières et la Délégation interministérielle à la lutte contre le travail illégal (DILTI) qui est dotée de deux antennes à Toulouse et Marseille (cf. *supra*). Par ailleurs, le décret du 11 mars 1997 relatif à la cordination de la lutte contre le travail illégal a institué des commissions départementales de lutte contre le travail illégal dans tous les départements, commissions qui regroupent sous la présidence des préfets les responsables des administrations de contrôle et les représentants des professionnels (chambres consulaires, syndicats). Le procureur de la République et le Délégué interministériel en sont membres de droit. Le gouvernement a également augmenté le nombre des contrôleurs du travail affectés à la lutte contre le travail dissimulé. Ceux-ci sont chargés, dans les départements prioritaires, de renforcer les actions des sections de

l'inspection du travail en inspectant les petites entreprises dans les secteurs sensibles des services, du bâtiment et de la confection. Ils assurent la coordination entre les différentes administrations, et suivent les procédures judiciaires relatives au travail illégal et aux étrangers en situation irrégulière. Leurs pouvoirs d'investigation sont étendus et portent sur le contrôle des dispositions du Code du travail qu'elles soient spécifiques à la main-d'œuvre étrangère ou non spécifiques telles que salaires, durée du travail, hébergement, médecine du travail. Enfin, un groupe de travail « emploi de travailleurs saisonniers » a été constitué dans les départements qui recourent habituellement à ce type d'actifs afin d'étudier notamment les mesures susceptibles d'éviter la reconstitution de foyers importants de main-d'œuvre clandestine dans le secteur agricole. Ce dispositif a été renforcé en 1992, 1993 et 1997. La loi du 31 décembre 1992 a rendu obligatoire la déclaration préalable à l'embauche de tout salarié auprès d'un organisme de protection sociale, ce qui permet lors des contrôles de repérer plus facilement les situations de clandestinité. La loi quinquennale du 20 décembre 1993 a introduit, quant à elle, des mesures de contrôle des éléments constitutifs des délits de marchandage, de cumul d'emploi et de travail clandestin. En particulier, elle élargit la responsabilité pénale aux personnes morales qui ont recours au travail clandestin ou qui en bénéficient, de manière à dissuader de façon efficace les donneurs d'ordre illicites et à mieux les sanctionner. La loi du 11 mars 1997 a institué un mécanisme de solidarité financière qui permet de mettre à la charge du donneur d'ordre la contribution spéciale due à l'OMI en cas d'emploi d'un travailleur clandestin. Il est ainsi possible de pallier la disparition ou l'insolvabilité, organisée ou non, des sociétés « écran » qui emploient une main-d'œuvre étrangère démunie de titre de travail.

2. **Les sanctions ont été aggravées.** — Le plus souvent, l'employeur commet simultanément une double infraction : le délit de travail dissimulé (antérieurement dénommé travail clandestin), défini par les articles L 324-9 et L 324-10 du Code du travail comme l'exercice d'une activité économique indépendante non déclarée d'une part, et l'emploi illégal d'un étranger, défini par l'article L 341-6 al. 1er du même Code comme le fait « d'engager, conserver à son service ou employer, directement ou par personne interposée, un étranger non muni du titre l'autorisant à exercer une activité salariée en France », d'autre part. Il est donc passible des peines prévues pour chacune de ces infractions. Depuis la loi n° 93-1313 du 20 décembre 1993, le travail dissimulé est sanctionné de deux ans d'emprisonnement et de 200 000 F d'amende, auxquels le tribunal peut ajouter la publication et l'affichage du jugement, et la confiscation des matériels et matériaux qui ont servi à commettre le délit (art. L 362-3 et L 362-4 CT). En outre, en application de l'article L 324-13-1 du Code, le donneur d'ouvrage de mauvaise foi peut, au plan civil, être tenu pour solidaire du paiement des salaires et accessoires, de manière à éviter le recours à des sociétés « écran », le plus souvent insolvables, pour dissimuler la pratique du travail clandestin. L'emploi illégal d'un travailleur étranger est encore plus sévèrement puni par l'article L 364-3 du Code qui le sanctionne d'un emprisonnement de trois ans et d'une amende de 30 000 F, peines portées en cas de récidive à cinq ans d'emprisonnement et 60 000 F d'amende, cette dernière étant appliquée autant de fois qu'il y a d'étrangers concernés. Le tribunal peut de plus ordonner l'affichage du jugement et pronon-

cer la confiscation des objets ayant servi à commettre l'infraction (art. L 362-8). Lorsque l'auteur du délit de travail dissimulé ou d'emploi illégal d'un travailleur étranger est lui-même de nationalité étrangère, sa condamnation à une peine d'emprisonnement sans sursis rend possible son expulsion de France.

Par ailleurs, sans préjudice des poursuites judiciaires, les contrevenants sont, en application de l'article L 341-7 du Code du travail, passibles d'une amende administrative et d'une action récursoire de la Sécurité sociale. L'amende administrative appelée « contribution spéciale » est perçue par l'OMI. Elle est versée pour chaque étranger employé frauduleusement et est égale à 1 000 fois le taux horaire du minimum garanti à la date du constat de l'infraction (18 390 F en juillet 1998). Il s'agit donc d'une arme particulièrement dissuasive. L'action récursoire impose aux employeurs de rembourser le montant des prestations d'assurance maladie, maternité, décès, d'invalidité ou d'accident du travail versées aux salariés étrangers si ceux-ci n'ont pas, avant la réalisation du risque ayant entraîné le versement des prestations, subi le contrôle médical prévu par l'ordonnance de 1945, lorsque ce contrôle est obligatoire. L'employeur en infraction s'expose également aux poursuites de la Direction départementale du travail et de l'emploi, de l'URSSAF (ou de la Mutualité sociale agricole) des ASSEDIC et de la Direction départementale des services fiscaux pour le recouvrement des salaires, impôts, taxes et cotisations.

En outre, le régime des peines applicables en cas d'emploi irrégulier est étendu par l'article L 364-4 CT à l'employeur qui se fait rembourser les frais engagés pour la venue d'un étranger en France (art. L 341-7-1), le fait de se faire remettre des fonds, des valeurs ou des biens mobiliers en vue ou à l'occasion de l'introduction ou de l'embauchage d'un travailleur étranger (art. L 341-7-2) étant puni par des peines encore plus sévères par l'article L 364-5 : trois ans d'emprisonnement et 300 000 F d'amende, peines doublées en cas de récidive.

Pour protéger le monopole confié à l'OMI du recrutement et de l'introduction en France des étrangers de lourdes peines ont également été prévues à l'encontre de ceux qui se livrent à ce genre d'opérations (art. L 341-9 CT) ou qui interviennent de manière habituelle et à titre d'intermédiaire à un stade quelconque des opérations de recrutement et d'introduction (art. L 364-6). La première infraction est punie d'un emprisonnement de trois ans et d'une amende de 20 000 F, la seconde de cinq ans de prison et 200 000 F d'amende auxquels s'ajoutent la fermeture des bureaux, la confiscation des matériels qui ont servi à commettre le délit, et l'affichage du jugement. Les personnes qui favorisent l'entrée, la circulation ou le séjour irrégulier d'un étranger (passeurs), ou qui exploitent clandestinement des locaux affectés à l'hébergement collectif d'étrangers en situation irrégulière (marchands de sommeil) s'exposent aux mêmes peines, auxquelles peuvent s'ajouter : l'interdiction de séjour, la suspension temporaire du permis de conduire, la confiscation du véhicule ayant servi à commettre l'infraction, et l'interdiction temporaire d'exercer la profession de transporteur ou de logeur. La loi du 11 mai 1998 a aggravé les peines encourues lorsque les infractions en ces domaines ont été commises en bande organisée : dix ans d'emprisonnement et 5 millions de francs d'amende.

En 1995, 19 879 infractions de travail illégal ont été relevées pour lesquelles 15 040 personnes (employeurs, indépendants) ont été mises en cause. L'emploi d'étrangers sans titre représente 5,3 % des infractions commises, pour un quart dans le BTP et pour un cinquième dans l'hôtellerie et la restauration.

Les responsables d'entreprises incriminés sont étrangers à hauteur de 22 %, verbalisés en majorité pour l'emploi de salariés étrangers dépourvus de titre de travail.

3. **La protection juridique du travailleur étranger employé irrégulièrement.** — Considérant que le travailleur étranger employé irrégulièrement est une victime plus qu'un délinquant, la loi du 17 octobre 1981 en assure la protection juridique, en garantissant au salarié les droits dont il aurait bénéficié s'il avait été employé régulièrement. L'article L 341-6-1 du Code du travail dispose à cet effet : « L'étranger employé en violation des dispositions de l'alinéa premier de l'article L 341-6 est assimilé, à compter de la date de son embauchage, à un travailleur régulièrement engagé en ce qui concerne les obligations de l'employeur relatives à la réglementation du travail définie au livre II du présent code, et pour les professions agricoles, aux articles 992 et suivants du Code rural, ainsi qu'à la prise en compte de l'ancienneté dans l'entreprise. » S'agissant des avantages pécuniaires, cet étranger a droit, au titre de la période d'emploi illicite, au paiement du salaire et des accessoires de celui-ci, déduction faite des sommes antérieurement perçues au titre de la période considérée. En cas de rupture de la relation de travail, il perçoit une indemnité forfaitaire égale à un mois de salaire, sauf solution plus favorable. De plus, il peut demander en justice une indemnisation supplémentaire s'il est en mesure d'établir l'existence d'un préjudice non réparé par les dispositions précédentes. Afin que le salarié étranger employé irrégulièrement soit informé de ses droits et de la possibilité qu'il a de saisir l'inspection du travail et la juridiction prud'homale lorsque l'employeur (ou le donneur d'ouvrage solidaire) n'exécute pas spontané-

ment ses obligations, une attestation lui est remise par les agents effectuant le contrôle. L'inspection du travail interviendra pour faire appliquer la réglementation et le Conseil des prud'hommes ordonnera par provision le versement de l'indemnité forfaitaire égale à un mois de salaire. Pour l'aider dans ces actions, le travailleur peut solliciter l'intervention des syndicats et des associations ayant pour objet la lutte contre les discriminations.

Chapitre III

L'INTÉGRATION A LA SOCIÉTÉ

Les étrangers qui résident de manière régulière dans notre pays pour une durée prolongée doivent pouvoir s'intégrer à la société de façon à y vivre en bonne harmonie avec les Français. Afin de favoriser les conditions de cette insertion, sans supprimer ni privilégier l'identité des populations immigrées, les pouvoirs publics ont développé de nombreuses interventions spécifiques qui complètent les actions de droit commun auxquelles les étrangers ont accès à l'instar des nationaux. Schématiquement, deux grandes modalités qui peuvent se combiner, président à la mise en œuvre de ces interventions : soit, elles visent plus particulièrement des groupes bien identifiés (primo-arrivants, jeunes, femmes, travailleurs âgés) ; soit, elles s'adressent à l'ensemble des habitants d'une zone géographique (ville, quartier, grands ensembles) en voie de marginalisation où, de fait, la population étrangère ou d'origine étrangère se trouve en proportion élevée. Cette territorialisation est à l'origine des contrats d'agglomération, aujourd'hui contrats locaux pour l'accueil et l'intégration, créés à titre expérimental en 1976 et étendus à partir de 1981, qui répondent à trois préoccupations principales : susciter une approche d'ensemble des problèmes d'insertion des immigrés dans la cité ; assurer la mise en œuvre d'un programme cohérent d'actions par un décloisonnement des interventions et par une articulation avec d'autres politiques inspirées des mêmes objectifs ; favoriser une dynamique locale de concertation par la mise en place de structures *ad hoc* dans lesquelles s'impliquent les associations d'immigrés. Au plan national, le Pacte de relance pour la ville, institué par la loi du 14 novembre 1996, pourrait fournir une autre illustration de cette territorialisation puisqu'il se donne pour finalité de lutter contre les phénomènes d'exclusion dans l'espace urbain et de favoriser l'insertion sociale, professionnelle et culturelle des populations habitant dans des grands ensembles ou des quartiers d'habitat dégradé.

Quel que soit leur mode de réalisation, les interventions en direction des immigrés sont multiples et diversifiées. La plupart des administrations y contribuent ainsi que de nombreux organismes privés et publics. Parmi eux, il convient de mentionner le rôle prépondérant joué par le Fonds d'action sociale pour les travailleurs immigrés et leurs familles (FAS) dont le budget annuel excède 1 milliard de francs.

I. — L'intégration au quotidien

1. **L'accueil des étrangers** ressortissait principalement depuis 1973 à la mission du réseau national d'accueil qui disposait d'un bureau par département, dont certains gérés par l'Office des migrations internationales ou le Service social d'aide aux émigrants. Compte tenu de son importance pour l'intégration future des étrangers, la mission d'accueil a fait l'objet d'un effort particulier des pouvoirs publics en 1998. Elle a été recentrée autour de l'OMI, passage obligé, de par son rôle, de tous les nouveaux arrivants, et élargie, outre les familles entrant dans le cadre du

regroupement familial, aux conjoints de Français et aux familles de réfugiés. Afin de mieux mobiliser l'ensemble des acteurs qui concourent à cette activité, les préfets ont été chargés d'établir, depuis 1993, un plan départemental d'accueil des familles rejoignantes.

2. **L'action sociale** spécifique a été progressivement étendue en direction de plusieurs publics : pour les femmes, avec le développement d'actions socio-éducatives dans les centres sociaux et dans les associations spécialisées qui organisent des rencontres, des permanences, des stages d'adaptation à la vie en France, l'enseignement de la langue et de l'écriture, des stages de préparation à la vie professionnelle. Pour les jeunes d'origine étrangère, un certain nombre d'associations mettent en place localement des actions d'accompagnement social afin de faciliter leur accès aux stages d'insertion, de formation, ou de les aider dans la recherche d'un emploi. De la même façon, de nombreuses activités socioculturelles sont mises en œuvre avec et, de plus en plus souvent, par les jeunes concernés eux-mêmes : défense des droits, promotion des sports et des loisirs, action sociale sous différents aspects, activités culturelles et interculturelles. Le FAS participe également depuis 1984 à l'opération « Prévention été » et depuis 1991 à l'opération « École ouverte », programmes d'animations fonctionnant durant les congés en faveur des jeunes en difficulté des quartiers fortement urbanisés, notamment des jeunes filles qui sont plus souvent que les jeunes gens, exclues des circuits traditionnels de loisirs. Pour les jeunes enfants, à l'âge où débute la construction de la personnalité et des savoirs, des moyens spécifiques ont été dégagés par le FAS qui en oriente l'utilisation vers les haltes garderies et les PMI. En ce qui les concerne, les adoles-

cents peuvent participer, dans le cadre de l'opération « Ville, vie, vacances », à des camps de vacances mixtes français et étrangers, y compris hors de nos frontières, destinés à favoriser le rapprochement entre jeunes et à mener des actions de solidarité internationale.

3. **L'action culturelle** vise à la fois les communautés étrangères en contribuant au maintien des liens avec les pays et les cultures d'origine ainsi qu'à la reconnaissance et à la valorisation de l'identité des migrants, et la société d'accueil pour sensibiliser les nationaux à d'autres modèles culturels et faciliter ainsi la cohabitation entre communautés. De nombreuses interventions sont menées à ce double titre : une action d'information qui recouvre des manifestations et des activités extrêmement diverses quant à leur nature et à leurs objectifs (diffusion de livres en langues étrangères, expositions et festivals sur les cultures des pays d'émigration), la création de postes d'animateurs culturels et l'aide au développement de la vie associative issue de l'immigration. En outre, le FAS finance une émission de télévision et des émissions radiophoniques plus particulièrement destinées aux étrangers qui vivent en France. Enfin, notons le financement d'animations linguistiques en langues d'origine qui, venant s'ajouter aux cours dispensés dans le cadre du système scolaire, s'adressent à un public diversifié constitué de jeunes enfants, d'adolescents et d'adultes.

4. **La lutte contre le racisme.** — Les gouvernements successifs ont été attentifs à lutter contre les différentes manifestations du racisme et de la xénophobie. Un acte important a été le vote par le Parlement de la loi du 1er juillet 1972 relative à la lutte contre le racisme. Le titre 1er de cette loi modifie la loi du

29 juillet 1881 sur la liberté de la presse en prévoyant de lourdes peines d'amendes et de prison à l'encontre de ceux qui « provoquent à la discrimination » ou qui se rendent coupables d'injures ou de diffamation à raison de l'origine ou de la race. Le titre II réprime de la même manière les discriminations raciales dont se rendent coupables les dépositaires de l'autorité publique, les prestataires de services et les employeurs. Les associations qui ont pour vocation de combattre le racisme peuvent dans l'un et l'autre cas se porter partie civile.

Plus récemment, dans la ligne des propositions du rapport annuel de la Commission nationale consultative des droits de l'homme (CNCDH), les pouvoirs publics ont orienté l'initiative en ce domaine vers la lutte contre les discriminations dans le monde du travail, en laision avec l'ensemble des partenaires sociaux. Les mesures concrètes déjà engagées, telles que les actions de médiation au sein des entreprises et le parrainage vers l'emploi, s'inscriront dans un cadre plus général.

II. — La formation initiale et professionnelle

1. **La scolarisation des élèves étrangers.** — Ils sont actuellement 750 000 à fréquenter les établissements publics et privés des premier et second degrés, soit environ 6 % de l'effectif total. Cette présence significative — longtemps de l'ordre d'un million d'enfants et d'adolescents — a exigé un effort considérable d'adaptation des structures et des démarches pédagogiques, tant dans le système scolaire proprement dit qu'à sa périphérie.

Dans le cadre de l'école, les actions prenant en compte la dimension « immigration » concernent l'accueil des non-francophones, l'enseignement de certaines langues d'origine et la sensibilisation des enseignants à ce problème. Pour les non-francophones, l'acquisition du français constitue un préalable indispensable sans lequel il ne peut y avoir d'intégration scolaire réussie.

L'Éducation nationale a mis en place un dispositif particulier permettant de dispenser aux élèves nouvellement arrivés un apprentissage de la langue française ou un soutien linguistique. Ce dispositif comporte dans le premier degré des classes d'initiation (CLIN), fréquentées chaque année par environ 10 000 élèves, des cours de rattrapage intégrés (CRI), et des cours spécifiques lorsque les élèves sont trop dispersés pour bénéficier des structures précédentes. Dans les collèges ont été ouvertes des classes d'accueil où sont inscrits à chaque rentrée près de 2 500 primo-migrants, et certains lycées ont organisé des enseignements de soutien.

Afin de pallier les difficultés, notamment psychologiques, qui peuvent naître pour les élèves étrangers, d'une rupture avec leur famille et leurs racines linguistiques et culturelles, un enseignement facultatif des langues et cultures d'origine a été mis en place. Cet enseignement, suivi par 90 000 jeunes, se déroule essentiellement dans le premier degré, soit durant les horaires normaux, soit en dehors du temps scolaire. Il est à la charge des pays concernés et est assuré par des enseignants ressortissants de ces pays, recrutés et rétribués par leur propre gouvernement. De plus, le ministère s'est attaché à élargir dans le second degré la place des langues des travailleurs migrants de telle sorte que leurs enfants puissent les choisir comme langues d'étude.

Pour préparer les maîtres à intervenir dans les structures spécifiques et sensibiliser l'ensemble du corps enseignant aux problèmes de l'immigration, le ministère a créé des Centres d'étude, de formation et d'information sur la scolarisation des enfants migrants (CEFISEM), implantés dans les académies qui connaissent les taux de scolarisation étrangère les plus élevés.

Hors de l'école mais en liaison avec elle, différentes mesures d'accompagnement scolaire ont été successivement prises qui renforcent les actions de soutien menées par le ministère de l'Éducation nationale et qui visent à apporter aux enfants rencontrant des difficultés, et notamment à ceux d'origine immigrée, l'appui qu'ils ne peuvent trouver dans leur environnement. La plus ancienne, l'animation éducative périscolaire, créée en 1982, s'adresse aux élèves de l'école primaire et des deux premières années du collège. Elle leur offre la possibilité de diversifier leurs centres d'intérêt et de développer leurs capacités d'expression et d'organisation. Depuis 1992, le réseau solidarité école apporte aux collégiens plus âgés et aux élèves des lycées professionnels une aide méthodologique et une assistance dans une ou plusieurs disciplines. Enfin, les contrats locaux d'accompagnement scolaire prévus par le pacte de relance pour la ville (1996) ont mis en place des activités similaires pour l'ensemble des jeunes, du primaire au lycée professionnel, qui résident dans les zones urbaines sensibles. L'harmonisation de ces dispositifs qui, au total regroupent plus de 50 000 bénéficiaires, a été organisée par une circulaire de juillet 1998 prévoyant leur intégration dans les contrats éducatifs locaux.

2. **L'accès à l'emploi.** — Les étrangers en situation régulière bénéficient, au même titre que les nationaux, de l'ensemble des mesures en vigueur, qu'il s'agisse des stages d'insertion et de formation ou des aides à l'emploi comme les contrats emploi-solidarité ou encore les contrats d'apprentissage. Cependant, cette

égalité de traitement parfois formelle n'invalide pas pour autant les interventions spécifiques, majoritairement financées par le FAS, qui comprennent des actions d'adaptation linguistique ou d'alphabétisation ayant pour objet de doter les intéressés des moyens d'expression et de communication favorisant leur insertion dans leur environnement social et professionnel, et des actions à visée professionnelle destinées à leur faire acquérir les capacités permettant d'accéder ultérieurement à des formations qualifiantes. Plus novatrice dans sa démarche est l'opération de parrainage lancée en 1993 pour faciliter l'accès aux entreprises des jeunes en difficulté d'insertion du fait de leur faible niveau de qualification et de leur incapacité à mobiliser un réseau de relations. Avec l'aide de bénévoles qui s'en portent garants, plusieurs milliers de bénéficiaires, pour moitié issus de l'immigration, sont ainsi introduits chaque année dans le monde du travail.

III. — Le logement des immigrés

Les conditions de logement, et de manière plus générale le cadre de vie, revêtent pour l'insertion de la population étrangère dans la société de résidence une importance essentielle. La santé, la scolarité des enfants, le degré d'adaptation au milieu social sont en effet en étroite corrélation avec la nature de l'habitat et si celle-ci s'avère médiocre ou franchement mauvaise elle induit une ségrégation difficile à éliminer. D'autre part, cette population présente quelques caractéristiques fortes qui doivent être prises en compte : un nombre important de personnes isolées ; une taille des familles supérieure à la moyenne nationale posant le problème de l'offre d'habitations adaptées ; un montant des revenus globalement inférieur au niveau moyen. Une telle situation implique que tant au niveau du constat qu'à celui des réalisations et des perspectives, une distinction soit opérée entre le logement des familles et celui des travailleurs isolés.

1. **Le constat.** — Pour ce qui concerne *les familles,* les résultats du recensement de 1990 indiquent que sur 1 288 000 ménages étrangers dénombrés, 26,4 % sont propriétaires et 67 % sont locataires, dont 28 % sont logés en HLM ; 4,2 % sont en meublé ou hôtel garni. La situation constatée en 1990 s'est légèrement améliorée par rapport à celle reflétée par le recensement de 1982 (20,9 % de propriétaires, 23,6 % en HLM, 6 % en meublé). Cependant, si l'on peut considérer que les étrangers qui sont propriétaires et ceux qui sont locataires d'HLM sont en général correctement logés, on peut en revanche s'interroger sur la diversité du confort et des équipements dans les logements locatifs du patrimoine privé, dans les logements en hôtels meublés, et les logements fournis par les employeurs. Ce dernier ensemble de logements, qui représente une part importante des habitations occupées par les immigrés, est certainement le secteur qui nécessite l'effort le plus soutenu.

S'agissant des *immigrés isolés* vivant en célibataires (800 000 environ), la plupart occupent des logements dans le parc privé. D'autres, environ 140 000, résident dans le parc social des foyers, dont une société d'économie mixte, la SONACOTRA, gère à elle seule la moitié des lits.

2. **La politique des pouvoirs publics.** — Pendant vingt ans, les actions menées en ce domaine ont fait largement appel à une source de financement spécifique constituée par une fraction de la participation des employeurs à l'effort de construction, réservée par priorité au logement des travailleurs immigrés et de

leurs familles (soit le neuvième). En 1997, un nouveau dispositif est mis en place qui donne aux aides de droit commun un rôle prépondérant pour assurer l'accès des familles immigrées à un logement et des travailleurs isolés à une chambre en foyer. Il s'agit, selon les cas, de l'aide personnalisée au logement (APL), des prêts aidés par l'État pour la construction, l'acquisition et l'amélioration des logements locatifs (PLA) et des primes à l'amélioration des logements à usage locatif et à occupation sociale (PALULOS). Plusieurs dispositions de la loi d'orientation relative à la lutte contre les exclusions, en date du 29 juillet 1998, qui visent à assurer la mixité sociale et à créer une offre de logements adaptés, vont dans le même sens.

Pour conduire cette politique, le ministère de l'Emploi et de la Solidarité dispose de deux instruments : la CILPI et le FAS. La première définit les orientations et les objectifs en matière de logement des familles immigrées, et propose la programmation annuelle de réhabilitation des foyers (cf. p. 86). Le second intervient plus particulièrement en direction des immigrés isolés, au moyen d'une aide destinée aux organismes gestionnaires de foyers. La moitié en 1985, près du quart aujourd'hui de son budget annuel (soit 257 millions de francs en 1998) est consacré à ce type de dépenses.

IV. — La participation des étrangers à la vie publique

La Déclaration des droits de l'homme et du citoyen de 1789, et les préambules des constitutions de 1946 et 1958 affirmant le droit pour chaque individu de jouir des libertés publiques et des droits économiques et sociaux, la législation a progressivement étendu aux étrangers qui résident sur le territoire national l'exercice de la quasi-totalité des droits économiques et sociaux. Il en va autrement pour les droits politiques dont l'attribution aux étrangers est très récente et limitée aux seuls ressortissants de l'Union européenne.

1. **La place des étrangers dans la vie politique.** — Compte tenu des promesses de M. Mitterrand pendant sa campagne présidentielle et de sa conviction réaffirmée que « tout être humain doit pouvoir donner son avis sur ce qui touche à sa vie quotidienne », on pouvait penser que le gouvernement élu en 1981 accorderait le droit de vote aux immigrés, au moins pour les élections municipales. Il n'en a rien été, le gouvernement ayant jugé opportun d'ajourner une telle mesure. Le traité de Maastricht, approuvé en 1992 par référendum en France, a cependant réformé de manière substantielle ce domaine. Il institue en effet une citoyenneté de l'Union (art. 8), et dispose que tout citoyen de l'Union qui réside dans un État membre dont il n'est pas ressortissant a le droit de vote et d'éligibilité aux élections du Parlement européen et aux élections municipales de cet État. Pour la mise en œuvre de ces dispositions, la Constitution française a été modifiée par la loi constitutionnelle n° 92-554 du 25 juin 1992 et le code électoral par deux lois du 5 février 1994 et du 25 mai 1998. La première application de ce droit nouveau est intervenue en juin 1994, avec l'élection des députés européens.

Les autres étrangers restent en revanche exclus du bénéfice du droit de vote et de l'éligibilité aux élections politiques. Mais le Code de la nationalité, dont les dispositions sont libérales et les procédures relativement simples, permet chaque année à quelque 60 000 ressortissants majeurs des pays hors Union européenne, en acquérant la nationalité française, d'accéder immédiatement et pleinement, à l'ensemble des droits et libertés publiques.

2. **La place des étrangers dans les instances électives de la vie économique et sociale.** — En ce qui concerne les syndicats, la loi du 21 mars 1884 avait prévu que les étrangers pouvaient adhérer aux syndicats mais leur déniait le droit d'y exercer des fonctions de responsabilité. La loi du 11 juillet 1975 leur a permis de devenir délégués syndicaux et d'accéder à des postes de direction. Depuis la loi du 28 octobre 1982, l'accès à ces fonctions s'effectue dans les mêmes conditions que pour les Français. Pour les organismes de représentation des salariés dans les entreprises, les étrangers participent à l'élection des délégués du personnel et des membres du Comité d'entreprise depuis la loi du 16 avril 1946 mais ne sont éligibles que depuis la loi du 11 juillet 1975. La loi du 28 octobre 1982 a supprimé l'obligation de « savoir s'exprimer en français ». Pour les Conseils de prud'hommes, les étrangers sont électeurs mais non éligibles. En revanche, depuis la loi du 17 décembre 1982, ils sont désormais électeurs et éligibles pour la désignation des membres des Conseils d'administration des caisses de sécurité sociale.

3. **Le droit d'association.** — A l'origine, la loi du 1er juillet 1901 relative aux associations n'avait établi aucune distinction entre Français et étrangers. C'est le décret-loi du 1er avril 1939, intervenu dans une période de tension internationale propice à la xénophobie, qui avait créé la catégorie des associations étrangères dont la constitution était soumise à l'autorisation du ministère de l'Intérieur. Ces dispositions ont survécu quarante ans, et il a fallu attendre la loi du 9 octobre 1981 pour les abroger et rendre la pleine liberté d'association aux étrangers. Il en est

résulté un essor considérable de la vie associative des immigrés.

4. La participation à la décision.

A) *La concertation.* — Voulant sans doute illustrer la boutade de Paul Valéry selon laquelle « la politique est l'art d'empêcher les gens de s'occuper de ce qui les regarde », les pouvoirs publics ont été peu enclins, jusqu'à 1981, à associer les immigrés aux décisions les concernant. A l'échelon national, il faudra attendre 1984 (décret n° 84-640 du 17 juillet) pour voir créée, avec le Conseil national des populations immigrées (auquel s'est substitué le Conseil national pour l'intégration des populations immigrées — CNPI), une instance de concertation où les associations d'immigrés et de soutien soient largement représentées : les représentants étrangers ou d'origine étrangère y occupent 14 sièges sur 60. Au plan local, les municipalités ont été invitées par le ministre de l'Intérieur à créer des commissions extra-municipales ouvertes aux associations représentatives des communautés immigrées résidant dans leur commune.

B) *La participation aux instances délibératives.* — L'association active des immigrés à l'étude de leurs problèmes et à la mise en œuvre de solutions adaptées est également illustrée par leur participation au Conseil d'administration du FAS et aux Commissions régionales pour l'insertion des populations immigrées (CRIPI). En application du décret du 14 février 1990 qui a réformé le FAS, le Conseil d'administration de cet établissement comprend une double représentation des immigrés : trois représentants des salariés désignés par les organisations syndicales CGT, FO et CFDT et six représentants choisis *intuitu personae* parmi les communautés étrangères les plus importantes en France. Les immigrés sont représentés dans les mêmes conditions au sein des CRIPI. Rappelons que le Conseil d'administration du FAS et les CRIPI ont un pouvoir de décision dans l'attribution des subventions aux organismes qui mettent en œuvre le programme du FAS. En outre, les CRIPI émettent un avis sur le programme régional d'insertion des populations immigrées.

Chapitre IV

LA RÉINSERTION DES ÉTRANGERS DANS LEUR PAYS D'ORIGINE

I. — Les différentes modalités de retour

1. **Les retours spontanés.** — Chaque année, des milliers d'étrangers quittent définitivement la France après y avoir travaillé et séjourné un certain nombre d'années, pour regagner leur pays d'origine, en dehors de tout système d'aide incitative au départ. Leur nombre qui, selon une estimation grossière, s'élevait à 60 ou 70 000 l'an durant la décennie 70 a vraisemblablement décru depuis avec le développement de l'immigration familiale, la nouvelle distribution géographique des zones de provenance et l'extension récente de la pratique de la noria (ou circulation migratoire). Toutefois, l'absence d'un registre de population rend difficile tout essai de quantification précise.

S'ils se trouvent en difficulté, les étrangers qui en font la demande peuvent bénéficier d'une procédure de rapatriement, créée en 1976 pour les travailleurs sans emploi et sans ressources désireux de regagner leur pays d'origine et étendue en 1992 à tout étranger, actif ou non, dont la situation personnelle et sociale justifie une assistance pour quitter la France. Moins d'une centaine de personnes jusqu'en 1990, environ 200 maintenant ont recours annuellement à ce rapatriement humanitaire organisé par l'OMI.

2. **Les retours aidés.**

A) *Les actions de coopération et de développement.* — Des expériences de formation-retour ont été menées à partir d'une décision gouvernementale du 9 décembre 1975, sur la base de conventions conclues par la Caisse centrale de coopération économique (CCCE) avec plusieurs pays d'émigration. Ces opérations ont eu pour objet d'organiser des formations en vue de permettre à des migrants d'occuper des emplois désignés par leurs pays d'origine. Elles ont concerné environ 1 900 personnes de 1975 à 1982. Le FAS qui a assuré le financement de ces opérations, continue de financer des projets de formation-retour élaborés sous l'égide d'associations.

B) *Les incitations directes au retour.*

a) L'aide au retour. Compte tenu de la crise économique, le gouvernement a voulu, à partir de 1977, inciter les travailleurs étrangers à regagner leur pays d'origine : le 30 mai 1977, une lettre circulaire du secrétariat d'État chargé des immigrés a institué l'aide au retour, de 10 000 F par candidat, éventuellement majorée pour charges de famille. Cette mesure a donné lieu à 49 000 agréments de dossiers, concernant 95 000 personnes, jusqu'à sa suppression en décembre 1981.

b) L'accord franco-algérien. Conclu sous forme d'un échange de lettres entre la France et l'Algérie le 18 septembre 1980, cet accord avait des visées à la fois qualitatives et quantitatives. Le volet « allocation retour » prévoyait le versement d'une somme forfaitaire en cas de retour définitif en Algérie ; le volet « formation retour » envisageait des opérations concertées de formation de salariés pour les sociétés nationales algériennes, et de formateurs pour des centres d'enseignement professionnel en Algérie. Enfin, le volet « aide à la création d'entreprises » permettait de mobiliser des crédits publics et privés français en faveur de créateurs d'entreprises souhaitant se réinsérer en Algérie. En fait, seule l'allocation retour a connu un succès véritable : 26 000 dossiers ont été agréés jusqu'à la fin de l'année 1983, touchant 50 500 Algériens.

II. — Les régimes institués depuis 1984

1. **Les principes.** — La perspective de l'arrivée à échéance, le 31 décembre 1983, de l'accord franco-algérien, rendait nécessaire la définition d'un nouveau régime de retour. Mais depuis 1981, un changement net d'orientation était intervenu dans les conceptions françaises. Si les perspectives de retour n'étaient pas abandonnées, elles devaient désormais prendre en considération les difficultés d'une réinsertion véritable et donner lieu à des mesures qui tiennent compte à la fois des aspirations des travailleurs étrangers et des intérêts de leur pays d'origine en matière de développement. C'est le 31 août 1983

que le gouvernement définit les principes sur lesquels s'appuiera désormais la politique de réinsertion, mot préféré à celui de retour, puisqu'il s'agit justement d'aller au-delà d'un simple retour : volontariat individuel, concertation avec les pays d'origine, contribution à leur développement. Les contacts pris avec les principaux États concernés se sont souvent révélés infructueux, certains gouvernements étrangers redoutant de voir revenir des flux importants de leurs ressortissants. De ce fait, les programmes d'aide à la réinsertion institués à partir de 1983 vont à la fois s'inspirer des principes énoncés et conserver un caractère unilatéral. Chacun d'entre eux s'efforcera en outre de répondre à une situation conjoncturelle : les licenciements massifs intervenus en 1983 dans le secteur automobile ; le devenir des étrangers ne remplissant pas les conditions pour être régularisés lors de l'opération de 1991, puis de celle de 1997.

2. **L'aide publique à la réinsertion de certains salariés et demandeurs d'emploi.**

A) *Le dispositif initial.* — Mis en place en étroite concertation avec les partenaires sociaux, il repose sur le respect du volontariat et comporte trois volets : une aide publique créée par le décret n° 84-310 du 27 avril 1984 ; des mesures spécifiques prévues par le dernier employeur, qui sont précisées par convention conclue entre ce dernier et l'État ou l'Office des migrations internationales ; une aide conventionnelle du régime d'assurance chômage versée en une fois. Globalement, ces différentes mesures représentent, par ménage et en moyenne, un capital unitaire de 90 000 F à 120 000 F. Pour bénéficier de l'aide publique à la réinsertion et, partant, de l'aide conventionnelle du régime d'assurance chômage, le candidat dont l'employeur a passé la convention susmentionnée, doit être involontairement privé d'emploi depuis moins de six mois à la date de sa demande. Il doit également présenter un projet de réinsertion soumis à l'agrément de l'Office des migrations internationales qui, le cas échéant, prend l'avis de ses missions implantées dans les principaux pays d'émigration. L'aide publique consacrant un retour définitif dans le pays d'origine, la loi n° 84-622 du 17 juillet 1984 dispose que les étrangers qui en bénéficient perdent les droits attachés aux titres de séjour et de travail qu'ils détiennent. Les intéressés doivent donc restituer ceux-ci avant de partir. Il en résulte que le candidat ne doit pas avoir qualité pour prétendre à nouveau à la délivrance d'un titre de séjour au titre du regroupement familial ni pour obtenir de plein droit une autorisation de travail en raison de sa situation personnelle. Il ne peut, non plus, obtenir l'aide, s'il a la possibilité d'exercer en France une activité professionnelle salariée en vertu d'un régime de libre circulation ou d'assimilation au national. Ces dispositions ont pour effet d'exclure du champ d'application de l'aide à la réinsertion les ressortissants des États membres de l'UE et de l'EEE ainsi que les ressortissants gabonais, togolais, andorrans et monégasques.

B) *L'extension du dispositif.* — De nombreux demandeurs d'emploi étrangers se trouvant exclus du dispositif institué en 1984, un décret du 16 octobre 1987 a étendu le bénéfice de l'aide publique aux demandeurs d'emploi indemnisés par le régime d'assurance chômage depuis au moins trois mois à la date d'agrément de leur demande. Ils perçoivent également l'aide conventionnelle à la réinsertion du régime d'assurance chômage, mais non celle de leur dernier employeur, en l'absence de convention.

Par ailleurs, un arrêté du 7 juillet 1989 a ouvert la possibilité pour les salariés d'au moins 45 ans, licenciés économiques par une entreprise ayant conclu une convention de réinsertion avec l'OMI, d'obtenir le versement d'une partie de l'aide sous forme d'une rente périodique servie, après leur retour, jusqu'à leur soixantième anniversaire. Après cette date, ils touchent leur retraite. En outre, comme tous les bénéficiaires de l'aide publique, ils perçoivent des indemnités de voyage et de déménagement ainsi que l'aide au projet de réinsertion.

3. **L'aide à la réinsertion des étrangers invités à quitter la France.**

A) *Le dispositif initial.* — Créé par une circulaire conjointe du ministère de l'Intérieur et du ministère des Affaires sociales du 14 août 1991, ce programme s'adresse aux étrangers à qui la délivrance ou le renouvellement d'un titre de séjour a été refusé, et notamment à ceux dont la demande d'asile a été définitivement rejetée. L'adhésion au programme doit intervenir dans le délai d'un mois qui suit l'invitation à quitter la France (IQF). L'assistance proposée constitue une alternative à la reconduite à la frontière, en encourageant le retour volontaire des étrangers qui ne peuvent obtenir une autorisation de séjour en France, et une aide à la réinstallation durable dans le pays d'origine. Gérée par l'OMI, elle comprend la prise en charge des frais de voyage, le versement d'une allocation de 1 000 F par adulte et de 300 F par enfant mineur ainsi qu'un appui à la réinsertion après le retour.

B) *Les aménagements successifs.* —Tout en subsistant intégralement pour les autres, ce dispositif a été aménagé par deux circulaires de 1998 pour ceux des étrangers qui n'ont pu bénéficier de la procédure de régularisation mise en œuvre en juin 1997 et qui, de ce fait, doivent quitter la France. Les mesures prises s'inscrivent dans une politique de codéveloppement associant pays d'accueil et pays d'origine, et visent à faire des migrants des acteurs conscients du codéveloppement. La première circulaire, en date du 19 janvier 1998, institue une aide comportant deux volets : en France, une assistance pour les démarches à accomplir et le versement d'une allocation d'un montant majoré (4 500 F par adulte et 900 F par enfant) ; dans le pays d'origine, des aides à la réinstallation des personnes et au démarrage de projets économiques. La seconde circulaire, datée du 4 novembre 1998, concerne — parmi les étrangers non régularisables — les ressortissants des pays avec lesquels a été engagée une concertation sur le codéveloppement lié aux flux migratoires, soit, à ce jour, le Mali, le Maroc et le Sénégal. Elle instaure un contrat de réinsertion dans le pays d'origine (CRPO) qui lie le bénéficiaire s'engageant à retourner volontairement dans son pays et l'OMI, organisme gestionnaire de la mesure, lui ouvre droit à une formation en France pour une durée de douze semaines au maximum, à l'obtention d'une autorisation provisoire de séjour et du statut de stagiaire en formation professionnelle, et le fait bénéficier des conditions de retour précédemment décrites. Ultérieurement, le constat d'une réinstallation définitive doit permettre l'attribution d'un visa de circulation entre le pays d'origine et la France.

4. **Le bilan.** — Depuis leur mise en place, respectivement en 1984 puis en 1991, et jusqu'au 31 décembre 1997, les deux dispositifs dont on a retracé l'architecture ont entraîné le départ de France de près de 82 000 personnes. L'aide publique à la réinsertion de certains salariés et demandeurs d'emploi a été obtenue par 32 700 actifs, occupés ou non, originaires du Maghreb pour plus de la moitié d'entre eux, ce qui correspond au départ de 73 400 personnes avec les membres de famille qui les ont accompagnés. Toutefois, 90 % de ce résultat étaient acquis dès 1988 et, depuis lors, cette formule ne joue plus qu'un rôle marginal. Le nombre des attributaires de l'aide à la réinsertion des étrangers invités à quitter la France s'élève à 7 000 (soit 8 200 personnes avec les accompagnants), Européens de l'Est d'abord (40 %), et, pour les trois quarts, demandeurs d'asile déboutés.

BIBLIOGRAPHIE

Sur l'histoire de l'immigration :

Gérard Noiriel, *Le creuset français,* Éditions du Seuil, 1988.
Patrick Weil, *La France et ses étrangers,* Calmann-Lévy, 1991.
Ralph Schor, *Histoire de l'immigration en France,* Armand Colin, 1996.
Vincent Viet, *La France immigrée, construction d'une politique 1914-1997,* Fayard, 1998.

Sur la présence étrangère en France :

André Lebon, Rapport annuel diffusé à la Documentation française (dernier titre paru : *Immigration et présence étrangère en France 1997-1998,* mars 1999).
INSEE, Contours et caractères, *Les étrangers en France,* 1994.
INSEE, Contours et caractères, *Les immigrés en France,* 1997.

Sur la réglementation applicable aux étrangers :

GISTI, *Le guide de l'entrée et du séjour des étrangers en France,* Syros, 1998.
Omiclasseur, *Réglementation de l'immigration* (nouv. éd. à paraître).

Sur le droit de la nationalité :

Marceau Long (sous la direction de), *Être et devenir Français, aujourd'hui et demain,* Rapport de la Commission de la nationalité, La Documentation française, 1988.
Paul Lagarde, *La nationalité française,* Dalloz, 1997.
Ministère de la Justice, Textes et documents, *La nationalité française.*
Le Code civil, Éditions Dalloz ou Litec...
Patrick Courbe, *Le nouveau droit de la nationalité,* Connaissance du Droit, Dalloz, 1998.

Ouvrages généraux :

Gildas Simon, *Géodynamique des migrations internationales dans le monde,* PUF, 1995.
Michèle Tribalat, *Faire France,* La Découverte, 1995.
Emmanuel Todd, *Le destin des immigrés,* Le Seuil, 1996.
Christian Jelen, *La France éclatée,* Nil Éditions, 1996.
Jean-Pierre Gourevitch, *Immigration, la fracture légale,* Le pré aux clercs, Essai, 1998.
Jacqueline Costa Lascoux, *De l'immigré au citoyen,* La Documentation française, 1989.

TABLE DES MATIÈRES

Imprimé en France
Imprimerie des Presses Universitaires de France
73, avenue Ronsard, 41100 Vendôme
Juillet 1999 — N° 46 440